Corpo, amor e sexualidade

Charline Vermont

Com a colaboração de
Sophie Nanteuil

Corpo, amor e sexualidade

120 PERGUNTAS QUE CRIANÇAS E ADOLESCENTES FAZEM AOS PAIS

5-14 anos

O QUE É CONSENTIMENTO?

COMO OS BEBÊS SÃO FEITOS?

Tradução e prefácio à edição brasileira de
Luciana Rodrigues Silva

manole
editora

Título original em francês: *Corps, amour, sexualité: Les 120 questions que vos enfants vont vous poser*
Copyright © 2022 Éditions Albin Michel. Todos os direitos reservados.
Publicado mediante acordo com Éditions Albin Michel, Paris.

Produção editorial: Retroflexo Serviços Editoriais

Tradução: **Luciana Rodrigues Silva**
Ex-Presidente da Sociedade Brasileira de Pediatria (SBP). Professora Titular de Pediatria e Chefe do Serviço de Gastroenterologia e Hepatologia Pediátricas da Universidade Federal da Bahia (UFBA). Doutora e Mestre pelo Curso de Pós-graduação em Medicina e Saúde da UFBA. Pós-doutora pela Université Libre de Bruxelles, Bélgica. Especialista em Pediatria e Gastroenterologia Pediátrica pela SBP e Associação Médica Brasileira (AMB). Membro da Academia Brasileira de Pediatria. Membro da Academia de Medicina da Bahia.

Revisão de tradução e revisão de prova: Depto. editorial da Editora Manole
Projeto gráfico: Ipokamp
Diagramação: Elisabeth Miyuki Fucuda
Ilustrações: Juliette Mercier @stomiebusy
Adaptação da capa para a edição brasileira: Depto. editorial da Editora Manole

CIP-BRASIL. CATALOGAÇÃO NA PUBLICAÇÃO
SINDICATO NACIONAL DOS EDITORES DE LIVROS, RJ

V623c
    Vermont, Charline
    Corpo, amor e sexualidade : 120 perguntas que crianças e adolescentes fazem aos pais / Charline Vermont ; tradução e prefácio Luciana Rodrigues Silva. - 1. ed. - Santana de Parnaíba [SP] : Manole, 2023.
      : il.

    Tradução de: Corps, amour, sexualité : les 120 questions que vos enfants vont vous poser
    ISBN 9788520464854

    1. Sexualidade. 2. Educação sexual para jovens. I. Silva, Luciana Rodrigues. II. Título.

23-83814   CDD: 612.661
                                CDU: 612.661

Meri Gleice Rodrigues de Souza - Bibliotecária - CRB-7/6439

Edição – 2023

Direitos em língua portuguesa adquiridos pela:
Editora Manole Ltda.
Alameda América, 876
Tamboré – Santana de Parnaíba – SP – Brasil
CEP: 06543-315
Fone: (11) 4196-6000
www.manole.com.br | https://atendimento.manole.com.br/

Impresso no Brasil
Printed in Brazil

Para Alexandre,
E nossos amores L, N e I ❤️

Sumário

Prefácio

Maio de 2019

Eu me lembro desse dia como se fosse ontem. Mais um dia de fim de semana trabalhando duro na minha nova conta do Instagram.

Meu filho de 5 anos entrou no escritório me convidando para brincar com ele. Eu, ansiosa para me juntar à brincadeira, respondi: "Vou assim que terminar meu trabalho". Ele me olhou por um momento, depois perguntou: "Mamãe, você trabalha com o quê?".

Explico, então, que produzo conteúdo de educação sobre sexualidade, conteúdo gentil e inclusivo, a fim de permitir que muitas pessoas consigam florescer em suas vidas afetivas, íntimas e sexuais.

"Mamãe, 'sexual' é o mesmo que 'sexo'? E o que realmente quer dizer 'sexo'?"

(Grandioso momento de solidão parental.)

Tentei encontrar palavras sobre um assunto que permanece – ainda hoje – cercado de tabus em muitas famílias. Então minhas filhas mais velhas se juntaram à conversa, e eu me vi cercada por meus filhos, criando um espaço de conversa saudável em torno do tema sexualidade.

Começo escutando as questões deles, ao mesmo tempo que vou perguntando o que eles já sabem. Respondo a algumas das perguntas e coloco outras: "Vocês concordam que eu faça uma pesquisa para encontrar respostas melhores?". Eles consentem, satisfeitos e empolgados.

Desde esse dia meus filhos compreenderam que a sexualidade é um assunto como outro qualquer. Abordado do ponto de vista anatômico e científico por um lado, passando por experiências pessoais por outro, abrimos um espaço de discussão – que nunca mais se fechou! Um espaço no qual meus filhos se sentem à vontade para se expressar e fazer perguntas.

Da minha parte, comecei a procurar obras de referência, não somente para responder às perguntas de meus filhos, mas também para materializar esse espaço de conversa que havíamos criado juntos. Não encontrei nenhuma obra dedicada aos pais ou às crianças e nenhuma dirigida para toda a família.

Como esse livro não existia, era necessário criá-lo!

Então, dentro do espírito participativo que anima minha conta no Instagram, propus aos pais lá inscritos que compartilhassem comigo as perguntas feitas por seus filhos sobre corpo, amor e sexualidade. E recebi milhares de perguntas!

Foi dessa abordagem – inicialmente pessoal e depois coletiva – que nasceram *As 100 perguntas*!

Hoje estou duplamente orgulhosa e feliz em apresentar este livro a vocês. Primeiro porque tenho muita vontade de me sentar com meus filhos e navegar pelo livro com eles. E segundo porque espero que vocês tenham a mesma alegria ao ler o livro com suas crianças e adolescentes que eu tive ao escrevê-lo.

Setembro de 2022

Não tenho palavras para agradecer o acolhimento de todos com *As 100 perguntas.*

Já são 50 mil exemplares vendidos na França: esse é o total de famílias atingidas por ele.

Para esta nova edição, proponho 120 perguntas! É o suficiente para acompanhar crianças e adolescentes dos 5 aos 14 anos, sempre com classificação por faixa etária.

Estou orgulhosa do trabalho que estamos realizando juntos: o de construir uma geração de crianças e adolescentes que podem florescer de modo respeitoso.

Até breve!

Charline Vermont

Prefácio à edição brasileira

Foi uma alegria ter a oportunidade de avaliar e traduzir este livro de Charline Vermont voltado para os pais. Trata-se de obra inédita, idealizada e feita com cuidado para que os pais possam estabelecer uma comunicação com seus filhos sobre o corpo, sobre o amor e sobre a sexualidade de modo claro, respeitoso e acolhedor, como deveria ser sempre!

Os filhos representam o que há de mais importante para os pais. Para que estes possam ser a referência modelo e os adultos de confiança de seus filhos, é imprescindível que haja diálogo sobre temas muitas vezes considerados difíceis ou nunca antes abordados. Esse diálogo fará uma imensa diferença na vida das crianças e dos adolescentes.

Uma boa comunicação aumentará, nas crianças e nos adolescentes, sua autoestima, seu respeito consigo e com os outros, melhorará a conversa entre pais e filhos, criará uma nova forma de relacionamento, de autoproteção contra certos riscos e o exercício do livre-arbítrio para os jovens!

Aproveitem esta pérola para reflexão e aprendizado.

Luciana Rodrigues Silva
Professora Titular de Pediatria da Universidade Federal da Bahia
Ex-Presidente da Sociedade Brasileira de Pediatria (2016-2022)

Agradecimentos

Eu gostaria de agradecer a Alexandre e às três maravilhas que vivem conosco: L., N. e I. Viver ao lado de vocês, vê-los crescer, é sem dúvida uma das maiores felicidades que a vida me tem dado. O amor de vocês me leva além das palavras, vocês são meu lugar seguro, minhas âncoras e minha alegria. Vocês são a inspiração e a razão de ser deste livro... e vocês serão os primeiros leitores.

Obrigada a Sophie Nanteuil, sem a qual este livro não teria nascido. Sophie, além do seu profissionalismo, da sua capacidade de gerir tudo com coragem, criatividade e positividade, eu me sinto privilegiada de ter encontrado uma amiga, uma irmã do coração. A vida é mais bonita depois que a conheci. ❤️

Obrigada a Aurélie Starkmann e todas as pessoas da Albin Michel que me deram suporte ao longo da escrita deste livro. Obrigada a Juliette (@stombiebusy) pelas ilustrações, que não podiam ser mais fiéis às minhas palavras. Você é incrível. 💖

Obrigada a Julie Finidori, minha agente: sua inteligência é tão especial como sua gentileza.

Obrigada ao grupo de especialistas que leu e validou o conteúdo deste livro: suas considerações foram particularmente preciosas. 🙏

Obrigada, mamãe Martine, que sempre acreditou em mim, que apoiou todos os meus projetos e que será a primeira octogenária a devorar este livro.

Mando lembranças também para minhas mães Colette e Allegra, que devem dançar de alegria, onde quer que estejam, vendo a neta com seu primeiro livro.

Agradeço a meus familiares, meu irmão e minhas irmãs por todo o amor.

Obrigada aos amigos que me acompanham em meus projetos tão loucos quanto diferentes: Céline, Nada, Jennifer, Charlotte, Caroline, Guenaelle, Marie, Marika, Lisa, Delphine, Peguy, Martin, Benjamin, Clara, Géraud, Virginie, Scarlett, Patricia, Sonia, Samuel, François, Murielle, Fanda, desculpem, não posso ser exaustiva – mas vocês todos estão no meu coração.

Obrigada à Comunidade Orgasme_et_moi: além de serem a mais linda das comunidades no Instagram 😍, é uma felicidade, uma alegria diária participar desse perfil e interagir com vocês, construindo juntos um mundo melhor. Obrigada por todo o amor, pelas histórias quentes e românticas, pelos testemunhos incríveis, pelos risos compartilhados e pelas noites maravilhosas #MMM. Amo vocês. 🩷

Enfim, obrigada a todas as pessoas que me acompanham diariamente nesta aventura que é o Orgasme_et_moi, e a todos os criadores de conteúdo que dedicam seu tempo, sua paixão e energia para mudar o mundo! Vocês fazem um trabalho extraordinário! 🙏

Charline Vermont

Antes de começar

As perguntas mais difíceis que as crianças fazem a seus pais não estão relacionadas à lei da gravidade ou à história medieval, mas sobretudo aos seguintes pontos:

COMO OS BEBÊS SÃO FEITOS?

PARA QUE SERVE O PÊNIS?

O QUE SIGNIFICA FAZER AMOR?

POR QUE VOCÊ TEM PELOS NAS AXILAS E EU NÃO?

Essa curiosidade é típica da infância, e oferece uma oportunidade extraordinária aos pais para estabelecer uma conexão verdadeira com seus filhos, e de modo geral também com os demais adultos que os cercam (familiares, amigos, educadores, professores, cuidadores, profissionais de saúde, padrinhos, madrinhas etc.), para se tornarem pessoas de confiança às quais as crianças podem recorrer sempre que tiverem dúvidas sobre tais assuntos.

No entanto, é necessário reconhecer que a sexualidade é um dos assuntos mais complicados a serem abordados pelos pais, pois há muitos adultos hoje que:

→ Cresceram sem ter conhecido a conversa aberta e positiva sobre esse assunto com seus próprios pais.

→ Não receberam nenhuma educação sexual propriamente dita enquanto cresciam e se desenvolviam.

→ Viveram experiências traumáticas, que podem vir à tona assim que um assunto relacionado ao corpo é mencionado ou quando a sexualidade é pauta da conversa.

→ Vivem em um ambiente no qual o sexo ainda é sinônimo de tabu, vergonha, estigma ou preconceito (também referido como um ambiente negativo em relação ao sexo).

A observação é ainda mais flagrante quando observamos a evolução no mundo da educação recente.

Nas últimas décadas, os progressos realizados na neurociência têm permitido o desenvolvimento de uma educação conhecida como "gentil" ou "positiva", baseada na escuta das necessidades psicoemocionais da criança e na comunicação não violenta.

Embora esses novos modelos educativos permitam trocas mais respeitosas, fluidas e empáticas entre pais e filhos, entre professores e alunos, entre cuidadores e protegidos, ainda resta um campo no qual essas mudanças não aconteceram: a educação para a vida afetiva e íntima.

E o que é a educação sexual positiva?

Trata-se de uma educação na qual a sexualidade é acolhida com gentileza e sem julgamento, sendo considerada uma experiência profundamente humana. A descoberta do *self* (de si mesmo), a escuta do seu corpo, de suas necessidades e desejos são tão valorizadas quanto o aprendizado do respeito e do consentimento.

Ajudar no despertar da criança quanto às diferenças de identidade de gênero e orientação sexual de forma respeitosa permite igualmente acompanhá-la em seu amadurecimento pessoal, a fim de que ela possa se autodeterminar conscientemente por toda a sua vida.

Oferecer uma educação sexual positiva para as crianças é, antes de tudo, oferecer a elas uma escuta gentil, respondendo a suas questões, abordando os assuntos sem tabu, tranquilizando-as em suas experiências, explorações e curiosidades. Agindo dessa maneira, **vocês irão proteger e fortalecer suas crianças!**

De fato, quando as crianças temem ser criticadas ou punidas por fazerem perguntas sobre temas delicados, elas se refugiam no silêncio, apresentam maior chance de se expor a comportamentos de risco ou partem em busca de informações em fontes não confiáveis: entre amigos ou na internet!

Muitos estudos[*] têm medido o impacto de uma educação completa sobre sexualidade conduzida pelos pais com seus filhos. Os resultados demonstram sem equívoco: quanto mais os pais falam de sexualidade com suas crianças, melhor é a saúde sexual dos filhos na adolescência e no início da vida adulta. Verifica-se uma queda nos números de infecções sexualmente transmissíveis (IST), gravidez precoce ou indesejada na adolescência, e de abusos sexuais – sofridos ou causados.

Contrariamente ao que se pode pensar, o objetivo da educação sexual positiva com os filhos não é de modo algum fazer tutoriais sobre sexo. **Trata-se de uma oportunidade concreta de estabelecer uma base sólida para a saúde sexual dos filhos no presente e no futuro.**

---

[*] Ver fontes na p. 183.

E se nossa geração de pais aceitasse o desafio agora?

Como podemos dar uma educação sexual positiva aos nossos filhos quando estamos carregando o peso duplo de uma herança e de um ambiente de "sexo negativo"?

É um desafio enorme, então é necessário não esquecer que:

- É normal precisar de tempo e prática para se sentir confiante o suficiente para responder às perguntas de seus filhos.
- É normal se desenvolver ao mesmo tempo que seus filhos nessa aprendizagem.
- É normal, às vezes, hesitar ao falar com seus filhos e se perguntar se esse assunto é mesmo "apropriado para a idade deles".

Eu passei por essas mesmas inseguranças e medos. E foi exatamente trabalhando com os profissionais de saúde e de educação que avancei, no início com apreensão e depois cada vez mais confiante.

Este livro foi especificamente concebido para acompanhá-los, a vocês e a seus filhos, passo a passo. Ele foi revisado e validado por um grupo de especialistas, composto de profissionais de saúde e educadores:

Dra. Emma Barron – Psiquiatra infantil

Dr. Baptiste Beaulieu – Médico generalista

Pierre Dubol – Psicólogo clínico, especializado em sexualidade e TCC.

Francine Euli – Professora escolar

@jujulagygy – Ginecologista e obstetra

Morgan Lucas – Terapeuta e especialista em gênero

Os objetivos deste livro são:

→ Oferecer uma base de ideias e um suporte para uma discussão sadia com suas crianças sobre sexualidade.

→ Dar ferramentas para que você se torne o adulto de confiança ao qual a criança recorrerá quando tiver dúvidas e precisar de informações sobre o assunto.

→ Permitir que você acompanhe seus filhos, no presente e no futuro, dando informações confiáveis e corretas a fim de que eles possam fazer escolhas conscientes, tanto em relação a eles mesmos como às interações com outras pessoas.

→ Estabelecer passo a passo um novo acordo, uma imagem positiva na qual a saúde sexual de nossos filhos será mais importante que os medos e vergonhas que temos internalizados.

Caixa d

1 Aceitar esta conversa.

CONSENTIMENTO

2 Valorizar a pergunta e devolvê-la para a criança.

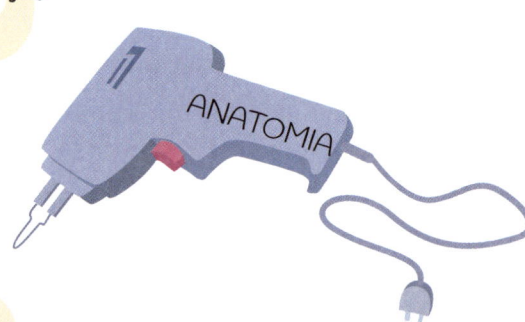

ANATOMIA

3 Não hesitar em dizer que você não sabe algo.

GENTILEZA

4 Preservar a intimidade da criança ou do adolescente, e a sua própria.

:rramentas

AUSÊNCIA DE JULGAMENTOS

RESPEITO

COMUNICAÇÃO

5 Depois de cada resposta, perguntar a seus filhos se estão satisfeitos.

6 Treinar e treinar.

7 Levantar voo.

dos esses princípios são valiosos, mas, na prática, como devemos fazer?

Vou dar algumas explicações na próxima página! →

Caixa de ferramentas, modo de usar

Para começar uma conversa sadia e serena com seus filhos sobre corpo, amor e sexualidade, aqui estão algumas sugestões para colocar numa maleta linda e nova. Elas serão preciosas:

❶ Aceite ter essa conversa!

Tenha em mente que, se seu(sua) filho(a) faz uma pergunta a você, ele(a) merece uma resposta. 😊

Dar uma educação sexual positiva começa com a postura de não fugir das perguntas sobre corpo, anatomia, reprodução ou sexo – mesmo que sejam embaraçosas ou incômodas!

Todo silêncio ou resposta evasiva de sua parte pode ferir a confiança que seus filhos depositam em você: isso passa a mensagem de que você não é uma pessoa com a qual eles podem contar em caso de dúvidas (hoje ou no futuro).

Responder quando os filhos pedem essa conversa emite uma mensagem positiva: você demonstra ser uma pessoa confiável para ter conversas abertas, honestas, sem julgamentos e apta a acompanhá-los ao longo de seu caminho.

❷ Valorize a pergunta e a devolva a seus filhos.

Existe um triplo reflexo a adotar quando as crianças fizerem uma pergunta ligada ao corpo, ao amor e à sexualidade: **1. valorize a questão**; **2. expresse sua alegria** por ser uma pessoa em quem a criança confia para fazer a pergunta; **3. devolva a pergunta a ela.**

EXEMPLO:

Se a criança pergunta "o que é sexo?", você pode perfeitamente responder:

1. Essa é uma boa pergunta. **2.** Estou feliz que você tenha perguntado a mim. **3.** Você já ouviu falar de sexo? O que significa para você?

Você pode agir de modo semelhante com todas as perguntas que seus filhos fizerem. Por exemplo: "Como os bebês são feitos?": **1.** Essa é uma bela pergunta. **2.** Que bom que podemos conversar sobre isso juntos. **3.** Na sua opinião, como você acha que eles são feitos?

→ **1.** Quando você valoriza as perguntas de seus filhos, está encorajando a curiosidade deles.

→ **2.** Quando os pais exprimem alegria, enviam uma mensagem clara: a de que são as pessoas certas para que os filhos possam perguntar o que quiserem.

→ **3.** Ao devolver a questão para as crianças, você descobre quais são as informações ou experiências que elas já têm sobre o assunto. Assim poderá:

- corrigir informações incorretas ou incompletas que elas tenham recebido;
- julgar a maturidade delas sobre o assunto e o nível de detalhe esperado em suas respostas.

Algumas perguntas feitas pelas crianças podem ser extremamente engraçadas para os adultos ("Para pegar a sementinha, você a engole?"). Portanto, tenha muito cuidado com suas reações: valorizar a questão pode implicar segurar uma gargalhada. Para a criança, a pergunta pode ser muito séria e desafiadora.

Da mesma forma, ao devolver a pergunta para seus filhos ("O que vocês sabem sobre isso? O que vocês pensam sobre o assunto?"), a resposta deles pode ser engraçada, fora de contexto, incompleta... Novamente, atenção às suas reações: uma risada pode ser entendida pela criança como uma zombaria, bloqueando-a de fazer novas perguntas no futuro.

③ Não hesite em dizer que não sabe a resposta.

Responder a seus filhos não significa necessariamente ter uma resposta imediata para a pergunta deles.

Se eles perguntarem algo que não está nos livros, ou coisas que você não sabe responder de imediato, permita-se dizer a eles: "Quero dar uma resposta completa e precisa, mas agora não tenho informação suficiente sobre esse tema. Posso pesquisar sobre o assunto e responder quando tiver mais informações?".

Do mesmo modo, você pode dizer a seus filhos que esse é um assunto novo para você também, que não se sente muito confortável para responder, e pedir um tempo. Proponha então se aprofundar no assunto e voltar com a resposta completa e precisa a respeito do que foi questionado.

④ Preserve sua intimidade e a da sua criança ou adolescente.

A sexualidade é um assunto que toca a intimidade. Dar uma educação sexual positiva para seus filhos **não significa** revelar sua intimidade (parental/conjugal) para eles, da mesma forma que os pais não devem invadir a intimidade das crianças e dos adolescentes.

Este livro foi concebido para acompanhar os pais nesse caminho estreito no qual duas intimidades devem ser respeitadas e protegidas: a dos pais e a dos filhos.

É por isso que você encontrará no início de cada capítulo **algumas páginas dedicadas aos pais ou responsáveis** ●, para lhe dar segurança quanto às melhores palavras a serem usadas e para guiar você em um passo a passo cuidadoso.

⑤ Depois de cada resposta, pergunte a seus filhos se a curiosidade deles foi satisfeita!

Tanto para as perguntas propostas neste livro como em outras feitas por seus filhos, existe um excelente método para o caso de você ter medo de falar demais sobre determinado assunto. Basta responder às perguntas de modo progressivo:

• Uma primeira resposta curta com o mínimo de informação.

• Uma pausa para perguntar à criança se a resposta foi suficiente.

• Se a criança desejar mais informações e se você se sentir confortável e apto a avançar, pode dar mais detalhes sobre o assunto.

- Uma nova pausa para perguntar se as informações adicionais foram suficientes. Que tal perguntar à criança o que ela entendeu das explicações dadas? Ao se apropriarem do assunto, as crianças vão reter melhor o conhecimento. Por outro lado, você poderá reajustar ou completar suas respostas.
- Se ainda assim a criança desejar saber mais, você deve avaliar se ela tem maturidade para se aprofundar no assunto; se sim, você poderá fornecer a informação mais completa.

Este livro foi construído a partir desse princípio, com uma gradação progressiva de complexidade sobre as perguntas e respostas, a fim de adaptá-las à maturidade psicoemocional das crianças:

→ As páginas verdes ● são dirigidas para as crianças de 5 a 8 anos.

→ As páginas cor-de-rosa ● são dirigidas para as crianças de 7 a 10 anos.

→ As páginas laranja ● são dirigidas para as crianças de 10 anos ou mais.

⚠ **IMPORTANTE**

- As idades mencionadas são indicadores, no entanto, o grau de maturidade e curiosidade varia muito de uma criança para outra. Como adultos responsáveis, vocês são as melhores pessoas para determinar o nível de detalhamento necessário para a criança!
- **Os círculos são apresentados de maneira concêntrica: para acessar as perguntas do círculo 2 ●, é importante ter lido com seus filhos as perguntas do círculo 1 ●.**

Da mesma forma: antes de abordar as perguntas do círculo 3 ●, as perguntas dos círculos 1 ● e 2 ● devem ter sido lidas.

Os pequenos +

✓ Quando se deparar com este pequeno desenho 〰️, você poderá pular para o capítulo ou pergunta mencionados ou permanecer no capítulo onde você está.

Como o livro é evolutivo, existem algumas entradas. Por exemplo, para falar de puberdade, a reprodução é mencionada (capítulo **Os bebês**), mas também os capítulos sobre a beleza (capítulo **A autoestima**) e os primeiros amores (capítulo **Primeiras emoções**). Tudo está ligado entre si.

✓ No fim do livro estão disponíveis algumas referências bibliográficas e virtuais, demonstrando a importância e a utilidade de transmitir informações sérias e essenciais para seus filhos!

Não hesite em adotar um caderninho: você pode ter vontade de fazer anotações sobre os temas conversados com seus filhos, até mesmo para guardar as pérolas dessas conversas. 😊

6 Pratique!

Para se sentir confiante sobre determinado tema, leia antes de conversar com seus filhos as páginas voltadas para os pais 🟡, bem como aquelas voltadas para as crianças 🟢🔴🟠.

Como se faz habitualmente antes de uma entrevista de emprego ou de uma apresentação em público, você pode praticar, na frente do espelho ou não. Imagine que está conversando com seus filhos. Falar em voz alta é bastante eficaz para superar o constrangimento e se apropriar com mais naturalidade das palavras que serão utilizadas na conversa sobre corpo, amor e sexualidade!

> **Abordagem**
>
> Quando falamos de anatomia ou de partes genitais, podemos usar pessoas com pênis ou com clitóris/útero, pois a existência de pessoas (e, particularmente, de crianças) transgênero e não binárias é um fato. Desse modo, não se pode presumir que uma criança nascida com pênis

seja menino, assim como não se pode presumir que uma criança nascida com clitóris seja menina. ☺

Contudo, o livro não é um roteiro obrigatório. Ele existe para acompanhar os pais, dando suporte e segurança em assunto delicados.

Se você se sentir mais à vontade com os termos "homens", "mulheres", "meninas" e "meninos", utilize-os.

7 "Pegue seu voo"!

Este livro não tem o objetivo de responder exaustivamente a todas as perguntas das crianças e dos adolescentes: ele oferece uma base para começar a ter uma conversa sadia, positiva, inclusiva e gentil sobre a sexualidade com suas crianças.

À medida que você avançar no livro, ganhará confiança no tema: confiança e naturalidade na forma de transmitir a informação, confiança na capacidade de acolhimento das questões trazidas por seus filhos. A realidade é que nós adultos também crescemos e evoluímos junto com nossos filhos. ☺

Você pode livremente ir mais longe nessa conexão, perguntando se eles querem informações adicionais sobre algum tema, e até mesmo assistir ou escutar *podcasts* ou vídeos educativos com eles. Temos a oportunidade de viver um novo tempo, no qual as fontes de informação são numerosas e as abordagens são adaptadas para cada fase de desenvolvimento da criança e do adolescente.

Capítulo 1
O corpo

Queridos pais ou responsáveis,

Prontos para a decolagem?

Como vocês chamam o nariz da sua criança? E suas orelhas?

É provável que você os chame de "nariz" e "orelhas".

Agora, como vocês denominam suas partes íntimas? Ah, eu creio ter ouvido várias denominações: "pipi", "periquita", entre tantas outras. 😊

Você já se perguntou por que unicamente para essas partes do corpo usamos denominações infantis e não o vocábulo anatômico que utilizaríamos para todo o restante do corpo?

E se nós empregássemos os nomes corretos?

A maioria de nós adultos cresce com essa linguagem, como se parecesse evidente que, enquanto crianças, não precisaríamos nomear essas "coisas". Ao utilizar outras palavras que não o nome anatômico para designar os órgãos genitais, o que estamos tentando proteger? As crianças ou os adultos – reticentes de dessexualizar essas palavras?

Pênis, vulva, clitóris, testículos são partes do corpo humano antes de serem áreas de prazer, desejo e fantasia.

As mudanças na sociedade começam com mudanças semânticas

Uma evolução (ou revolução) educativa – ser a primeira geração de pais a dar uma educação sexual positiva a seus filhos – começa por adaptar as palavras que utilizamos!

Da mesma forma que não falamos mais "bebê" aos bebês (obrigado aos progressos da neurociência e da ciência em educação), não esqueçam que as crianças são pessoas dotadas de inteligência e senso crítico. Vocês podem falar com elas usando palavras adequadas.

Se nós chamamos um gato de "gato", devemos chamar uma vulva de "vulva" e um pênis de "pênis". Qualquer que seja o gênero de sua criança, vocês poderão também utilizar a palavra "sexo".

Nota: Se para você ainda é difícil utilizar as palavras "vulva", "pênis", "testículos", "sexo"... não precisa entrar em pânico! Cada um avança no seu próprio ritmo.

> Falamos em gentileza, hein! E se começarmos sendo gentis com nós mesmos?

O corpo ou a tomada de consciência pela criança de sua unicidade (singularidade)!

Este livro começa com um capítulo sobre o corpo humano, agrupando as principais dúvidas das crianças quando começam a tomar consciência de que seu corpo é único.

De fato, ainda muito novas, as crianças se apercebem de que seus corpos são diferentes dos corpos de seus pais, seus irmãos ou seus amigos. E por que essas diferenças anatômicas? São elas pontuais – será que quando crescermos essas diferenças anatômicas desaparecem – ou são definitivas? Essas diferenças anatômicas nos definem?

Qual a diferença entre sexo e gênero?

Para aqueles de nós que tiveram acesso a algum tipo de educação sexual, nos foi explicado que um menino tinha um pênis e uma menina tinha uma vulva etc.

Essa dicotomia ignora a diferença entre os sexos (características genéticas e biológicas dos seres humanos) e o gênero: conceito que reúne comportamentos, papéis desempenhados, atividades e atributos considerados próprios para os indivíduos em determinada cultura de acordo com seu sexo real ou suposto.

Embora o sexo seja biológico, o gênero representa uma construção social.

Assim, o sexo atribuído no nascimento (pênis, vulva) não define o gênero de sua criança: somente ela poderá dizer com qual gênero se identifica. Para que o indivíduo possa se autodeterminar livre e conscientemente, é importante sensibilizá-lo para a existência de pessoas intersexo, transgênero, não binárias etc. Essas questões são abordadas no círculo 3 deste capítulo.

"Tenho medo: tudo isso é novo para mim!"

É normal ter medo. Vocês se lembram da primeira vez que andaram de bicicleta sem rodinhas? Claro, foi assustador, e mesmo assim vocês deram o seu melhor. E aqui vai ser igual!

Com certas questões deste capítulo, será normal dizer a seus filhos que vocês precisam de um tempo ou que gostariam de retomar a conversa mais tarde. Seus filhos compreenderão perfeitamente: eles já entenderam há muito tempo que vocês não sabem de tudo! 😊

O mais importante é sempre escutar seus filhos, dar confiança a eles e ajudá-los a se amarem como eles são!

Relaxem, respirem fundo, e lá vamos nós!

1

COMO CHAMAMOS ISTO QUE HÁ ENTRE AS MINHAS PERNAS?

Desde que nascemos, ouvimos de certas pessoas da família que temos um "pipi" ou uma "periquita", e há muitas denominações de acordo com o lugar e a cultura.

Na verdade, as palavras que denominam essas partes do corpo que se situam entre as pernas são:

> **O "pipi" se chama pênis.**

> **Os "ovos" se chamam testículos.**

> **A "periquita" se chama vulva.**

Pênis, testículos e vulva podem também ser chamados de sexo, pois são órgãos sexuais.

2

POR QUE ALGUMAS PESSOAS TÊM PÊNIS E OUTRAS TÊM VULVA?

O corpo humano é formado por milhares de células : células da pele, dos ossos, dos músculos...

Cada célula de seu corpo contém um núcleo . Cada núcleo contém todas as informações que tornam você único: a cor de seus olhos, a forma de seu nariz, o tamanho do sapato que você usará quando parar de crescer, bem como seu sexo (pênis ou vulva).

Essas informações estão contidas em seus **cromossomos**. Você tem 23 pares de cromossomos em cada núcleo.

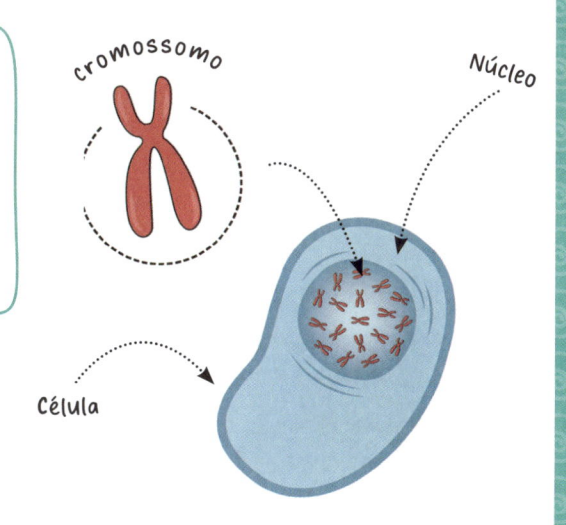

cromossomo

Núcleo

Célula

É o vigésimo terceiro par de cromossomos (chamados de cromossomos sexuais) que contém a informação sobre o seu sexo: pênis ou vulva, de acordo com a forma desses cromossomos.

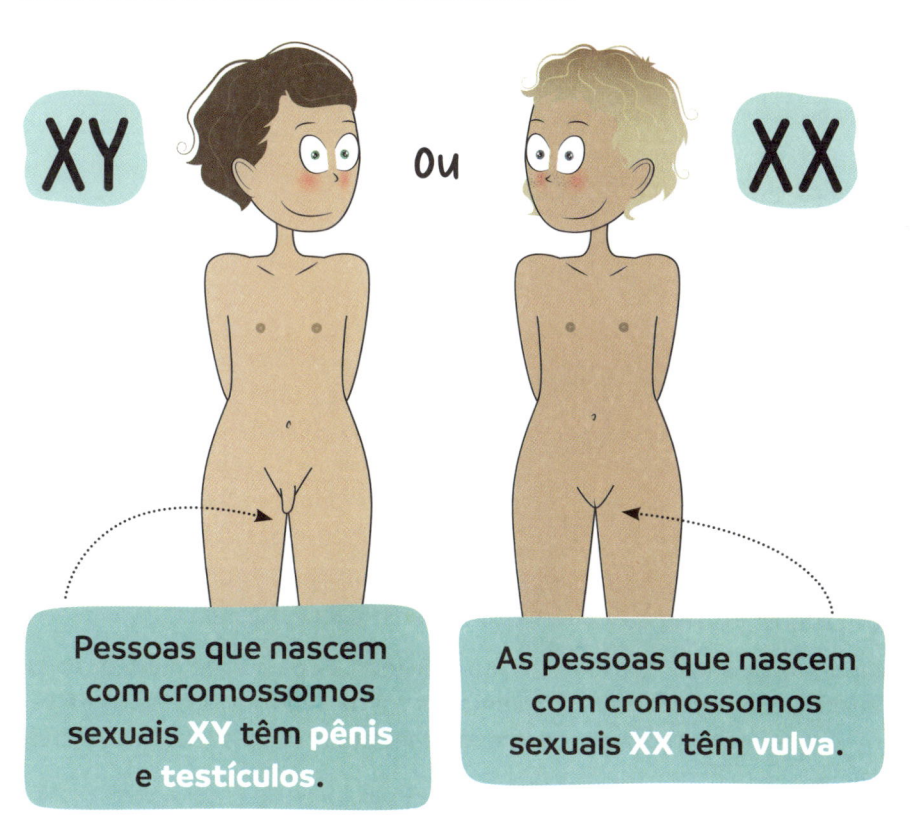

XY

Ou

XX

Pessoas que nascem com cromossomos sexuais **XY** têm **pênis** e **testículos**.

As pessoas que nascem com cromossomos sexuais **XX** têm **vulva**.

3 PARA QUE SERVEM O PÊNIS E OS TESTÍCULOS?

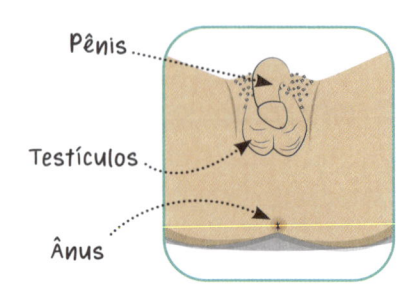

Pênis

Pênis
Testículos
Ânus

Nas pessoas que têm **pênis**, os órgãos sexuais ficam parcialmente visíveis: o pênis e os testículos sobretudo.

O pênis e os testículos têm três funções:
- **fazer xixi (se diz também "urinar");**
- **fabricar espermatozoides (e bebês);**
- **sentir e dar prazer!**

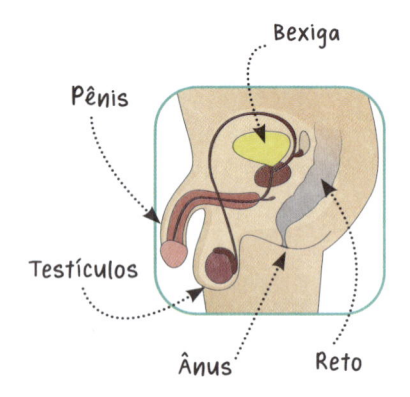

Bexiga
Pênis
Testículos
Ânus
Reto

4 O QUE É O ORIFÍCIO NA VULVA?

Entre as pessoas que têm **vulva**, uma grande parte dos órgãos sexuais está situada no interior do corpo. A vulva é a única parte visível e é formada por: grandes e pequenos lábios, o meato urinário (a zona de onde sai a urina), a glande do clitóris e a entrada da vagina – *este é o famoso orifício que procurávamos.*

A vagina representa um corredor que vai da vulva (no exterior) até o útero (no interior). O útero é o órgão dentro do qual crescem os bebês.

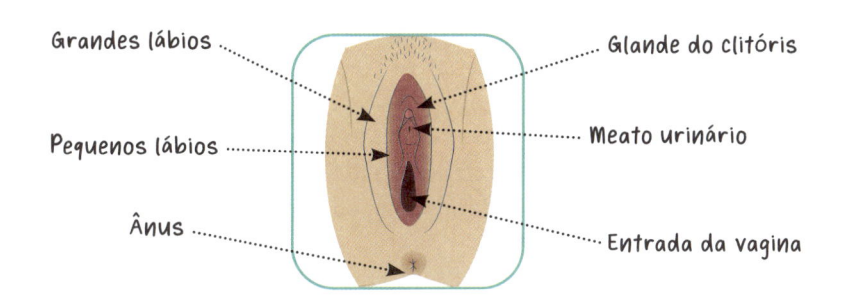

Vulva

Grandes lábios
Glande do clitóris
Pequenos lábios
Meato urinário
Ânus
Entrada da vagina

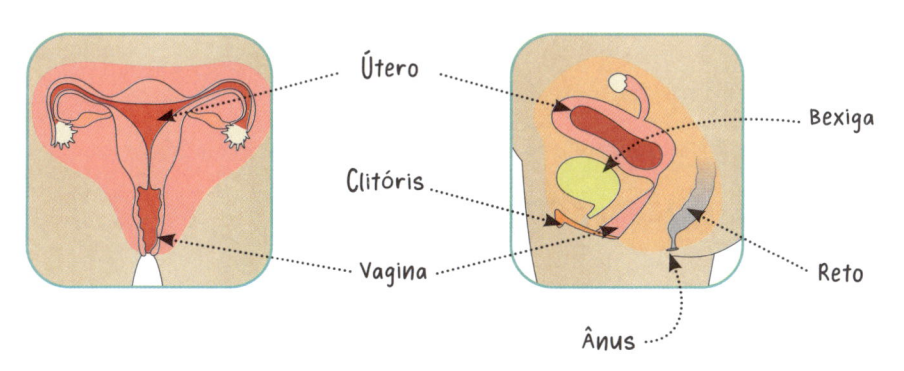

Útero
Bexiga
Clitóris
Vagina
Reto
Ânus

A vagina tem várias funções:

- eliminar o sangue e tecidos provenientes do útero durante a menstruação;
- receber o pênis em relações sexuais penetrantes ou reprodutivas;
- deixar o bebê nascer durante o parto;
- ter e dar prazer!

Mais informações sobre prazer:
Capítulo 2 A intimidade.
Mais informações sobre menstruação:
Capítulo 3 A puberdade.
Mais informações sobre as relações sexuais:
Capítulo 7 Amor, sexo e prazer.
Mais informações sobre o parto:
Capítulo 8 Os bebês.

5 POR QUE NEM TODO MUNDO TEM PÊNIS?

Na verdade, nem todo mundo tem pênis ☺. No entanto, as pessoas que têm vulva possuem um órgão extraordinário chamado **clitóris**, do qual apenas **uma parte é visível: a glande, situada no alto da vulva**.

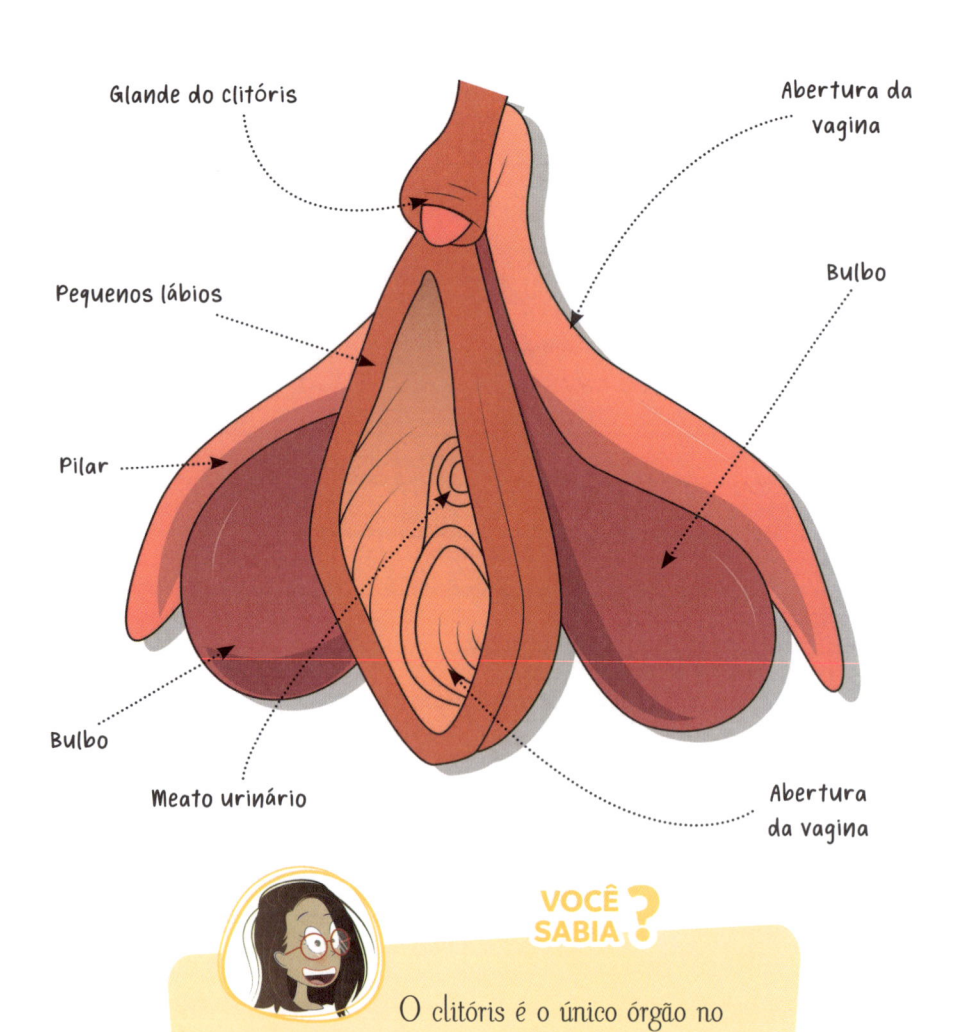

Glande do clitóris

Abertura da vagina

Pequenos lábios

Bulbo

Pilar

Bulbo

Meato urinário

Abertura da vagina

E agora uma pergunta para você:

Você acha que há semelhanças entre esses dois órgãos?

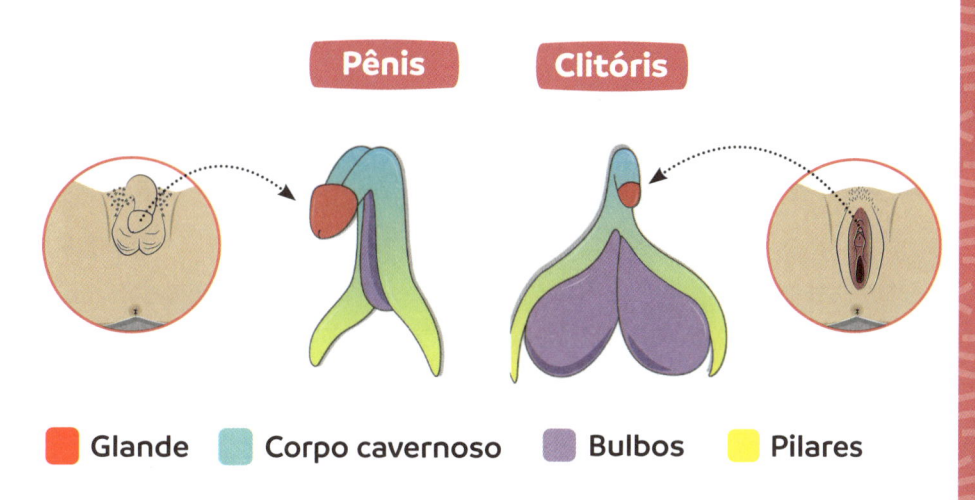

🟧 **Glande** 🟦 **Corpo cavernoso** 🟪 **Bulbos** 🟨 **Pilares**

Você encontrou semelhanças? Ótimo!

Esses dois órgãos têm mais semelhanças que diferenças. 😊

🔴 **Clitóris e pênis derivam das mesmas células** (com o crescimento, as células se diferenciam para formar um ou outro).

🔴 **Ambos contêm milhares de terminações nervosas** e são muito sensíveis ao toque.

🔴 **Eles são órgãos eréteis:** isso quer dizer que, se estimulados, eles se enchem de sangue, incham e se tornam ainda mais sensíveis!

A principal diferença é que o pênis é visível, ao contrário do clitóris, que está essencialmente no interior do corpo.

6 DEVO LAVAR O MEU SEXO?

Qualquer que seja seu sexo (pênis, vulva), é importante sempre *cuidar da higiene,* a fim de permitir que as bactérias benéficas que protegem seu sexo de sujeiras e infecções façam bem o seu trabalho.

Se você tem vulva, veja como fazer a higiene:

VOCÊ SABIA?

GRANDES LÁBIOS OU LÁBIOS EXTERNOS:
Sabão neutro

PEQUENOS LÁBIOS OU LÁBIOS INTERNOS:
Somente com água

Por que não colocar nada no interior da vagina? Porque a vagina é autolimpante! Ela produz espontaneamente líquidos que a protegem.

Por isso, não é necessário ser lavada com água (nada de ducha vaginal!) e menos ainda com produtos que podem inclusive prejudicá-la.

ENTRADA E INTERIOR DA VAGINA:
não coloque nada!

Se você tem pênis:

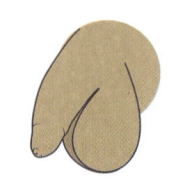

- não esqueça de limpar o pênis sempre que urinar;
- no banho, lave cuidadosamente seu pênis e testículos com água e sabão neutro, atentando para não esfregar com muita força (a pele é frágil);
- se você consegue abrir a glande, deve lavá-la cuidadosamente com água morna.

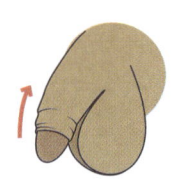

As cinco regras de ouro para o sexo e uma boa saúde:

- lavar as partes íntimas todos os dias – sem esquecer do ânus –, a fim de remover todas as sujeiras;

- enxugar bem as partes antes de se vestir;

- trocar as roupas íntimas todos os dias; ☺

- dormir com roupas arejadas (pijama ou camisola, sem roupa de baixo), ou nu sob o cobertor;

- fazer a higiene sempre começando da frente para trás (do sexo em direção ao ânus) quando usar o vaso, particularmente após evacuar.

MEU SEXO TEM UM CHEIRO ESTRANHO. ISSO É NORMAL?

A vulva cheira... a vulva!

O pênis cheira... a pênis!

E é normal, pois as bactérias que protegem o sexo liberam um odor natural, que é diferente de outras partes do corpo.

Portanto, é importante não tentar encobrir esse odor (por exemplo, usando sabonete demais, perfume ou outros produtos). Você corre o risco de destruir as bactérias benéficas.

Se o odor do seu sexo varia, ou se está mais forte do que de costume, não hesite em falar com um adulto de confiança que o acompanhará ao médico, se necessário.

POR QUE OS PAIS TÊM PÊNIS OU SEIOS MAIORES QUE AS CRIANÇAS?

Você já experimentou os sapatos dos seus pais? **Eles são do seu tamanho?** E os sapatos com os quais você deu os primeiros passos: **você acha que ainda servem?**

Você cresceu!

Desde que nasceu e até seus 17/18 anos você continuará a crescer: seus pés, suas mãos, sua altura, seu nariz, seu pênis/clitóris etc. Todos os seus órgãos vão crescer, cada um no próprio ritmo!

Talvez um dia você passe em tamanho inclusive os seus pais. Os órgãos deles já são grandes e não crescerão mais.

9 SERÁ QUE EU TAMBÉM TEREI PELOS EMBAIXO DO BRAÇO?

Seu corpo não vai somente crescer, mas, a partir da puberdade (que pode começar entre 8 e 13 anos, dependendo da criança), **seu corpo também vai mudar!**

Entre as mudanças mais visíveis, os pelos aparecem em torno do sexo e embaixo do braço, bem como nos braços e nas pernas, acima da boca e em todo o corpo. Essas mudanças são naturais e não há motivo para se envergonhar!

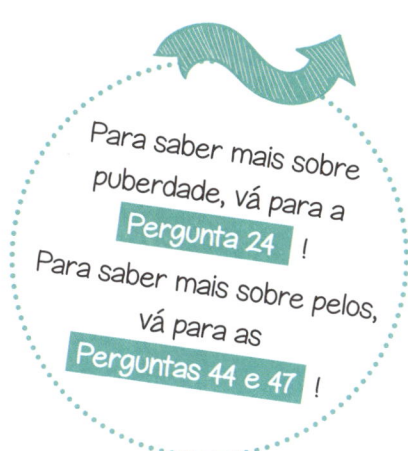

Para saber mais sobre puberdade, vá para a Pergunta 24!
Para saber mais sobre pelos, vá para as Perguntas 44 e 47!

10 SERÁ QUE TODOS OS PÊNIS E TODAS AS VULVAS SÃO IGUAIS?

Será que o seu nariz é igual ao dos seus colegas de classe?

Não? **Pois bem, com o pênis e a vulva é a mesma coisa!**

Cada pessoa tem um modelo único de pênis ou vulva (em série limitada), e é essa diversidade que é divertida!

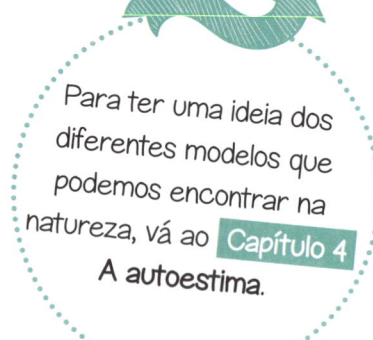

Para ter uma ideia dos diferentes modelos que podemos encontrar na natureza, vá ao Capítulo 4 A autoestima.

11 EXISTEM PESSOAS QUE TÊM, AO MESMO TEMPO, PÊNIS E VULVA?

Sim! É possível que certos indivíduos nasçam com pênis e vulva, ou pênis e vagina, ou vulva e testículos... As variações anatômicas e biológicas são infinitas: alguns podem inclusive ter cromossomos XX e nascer com pênis ou ter cromossomos XY e nascer com vagina.

Essas pessoas são chamadas de pessoas intersexo ou intersexuais: não é uma doença nem uma desordem, é simplesmente uma variação natural do desenvolvimento.

As pessoas intersexo representam 1,7% dos nascimentos, mais ou menos equivalente à quantidade de pessoas ruivas na população.

12 — TER UM PÊNIS SIGNIFICA SER MENINO?

Para responder essa pergunta, aqui está um enigma:

Qual o ponto comum entre estas três pessoas?

Essas três pessoas foram designadas como meninos no nascimento.

🔵 São pessoas **transgênero** : depois da infância, apesar de terem nascido com um pênis, essas pessoas se ressignificaram e se identificaram como meninas ou mulheres, e não como meninos ou homens. São, portanto, meninas ou mulheres.

● Da mesma forma, uma pessoa que no nascimento seja identificada como menina, pois nasceu com uma vulva, pode se ressignificar e se identificar como um menino ou um homem.

● Enfim, é possível – quaisquer que sejam os órgãos sexuais no nascimento (pênis ou vulva) – a pessoa não se sentir nem menina nem menino, mas uma mistura dos dois (bigênero), ou nenhum dos dois (agênero), ou alternativamente um ou outro (gênero fluido). É o que chamamos de **não binário** .

13 EU POSSO ESCOLHER SER MAIS MENINA QUE MENINO?

Quaisquer que sejam os órgãos sexuais no nascimento, o gênero é uma identidade que pertence a cada um. Se você se sente como uma menina, você é uma menina. Se você se sente como um menino, você é um menino. Se você não se sente nem menino e nem menina, ou uma mistura dos dois, você é uma pessoa não binária.

Se você tem perguntas sobre sua identidade de gênero, não hesite em conversar com seus pais ou com um adulto de confiança.

14 ALGUMAS VEZES ME SINTO UM MENINO, EM OUTRAS ME SINTO UMA MENINA E ÀS VEZES ME SINTO OS DOIS. ISSO É NORMAL?

Sim, é perfeitamente possível!

Não somente sua identidade de gênero pertence a você como ela é dinâmica: ela pode evoluir com o tempo! Não há por que se preocupar se você se sente ora menina, ora menino, e às vezes uma mistura dos dois.

Pode acontecer também que você tenha vontade de ser tratado como um menino ou uma menina, mas se sinta ao mesmo tempo menino e menina. Isso pertence a você, e só você poderá dizer com qual identidade de gênero você irá se mostrar e se expressar ao mundo exterior!

Capítulo 2
A intimidade

Queridos pais ou responsáveis,

E então, sobreviveram ao primeiro capítulo?

Estou certa de que vocês se saíram muito bem. 😊

Agora que quebramos o gelo com relação ao vocabulário do corpo, vamos ao segundo capítulo, que os ajudará a falar de intimidade e consentimento (noção aprofundada no Capítulo 6) com suas crianças.

Ajudar a criança a tomar consciência de sua intimidade

Uma triste realidade para a qual abrimos os olhos nos últimos anos é o número de crianças e menores de idade que foram vítimas de violência sexual – cometida no ambiente intrafamiliar, ou por outras pessoas. Na França, por exemplo, cerca de 40% dessas vítimas têm menos de 15 anos.[*] Essa cifra nos amedronta e nos convoca a muitas ações para prevenção desses crimes e acompanhamento das vítimas.

O que podemos fazer, nós que somos pais, para proteger nossas crianças?

Um primeiro passo essencial é ajudar a criança a tomar consciência de si, de sua intimidade e de seu consentimento. Explicar que seu corpo pertence a ela e que ninguém pode acessá-lo sem que ela permita.

Uma segunda etapa consiste em adquirir o hábito de pedir permissão à criança antes de tomá-la nos braços ou lhe dar um beijo (ou qualquer outro contato físico). É dessa forma que a criança aprende que é normal que lhe peçam autorização antes de entrar em sua intimidade e que seu consentimento é importante e deve ser respeitado!

---

[*] Dados de Ined, Enquête Virage, 2015.
N.E.: No Brasil, 60% das vítimas têm menos de 13 anos (dados da FRM, 2020).

Uma terceira etapa é ensinar à criança que essas noções de intimidade e consentimento se aplicam a todo mundo: reciprocamente, a criança também deve pedir permissão antes de dar um beijo, fazer um carinho ou abraçar alguém.

O corpo: o primeiro terreno de brincadeira, exploração e prazer da criança

Com frequência, os pais encontram-se completamente despreparados diante da descoberta do corpo por suas crianças.

Como reagir quando a criança toca suas próprias regiões genitais, ou experimenta se "esfregar" em objetos ou móveis? A imaginação das crianças é transbordante!

A prática masturbatória é observada em todos os mamíferos, desde o nascimento (às vezes, mesmo no útero). Os humanos não são uma exceção. ☺ Trata-se de uma prática normal – e não obrigatória (se sua criança não se masturba, está tudo bem também).

Você pode assegurar à criança o direito de explorar o próprio corpo – desde que a sua intimidade e a dos outros seja preservada. Proponha que realize sua exploração no quarto ou em outro lugar onde seja seguro.

Cada um avança no seu próprio ritmo

É provável que vocês pais se sintam envergonhados diante de algumas perguntas. Mas se acalmem: não há nenhuma urgência em abordar as questões propostas aqui num ritmo forçado. Vocês poderão retornar ao assunto mais tarde, quando estiverem prontos ou quando a criança lhes fizer diretamente essas perguntas.

Lembrem-se também de que vocês não precisam responder sobre suas próprias práticas masturbatórias: esse assunto diz respeito à intimidade parental, que não deve ser compartilhada.

O QUE QUER DIZER ÍNTIMO?

"Íntimo" significa que há coisas que só **pertencem a você**, começando por seu corpo. Íntimos também são seus sentimentos, seus pensamentos, seus sonhos.

Cada pessoa tem direito à intimidade: você, seus colegas de classe, seus pais...

É muito importante respeitar tanto sua própria intimidade como a intimidade dos outros.

Tomemos um exemplo e examinemos juntos essa fortaleza.

Você pode descrever as diferentes partes dessa fortaleza? O que a protege?

Observamos os fossos (cheios de água), a ponte levadiça, a grade, os muros: são meios de defesa, que protegem a fortaleza dos invasores.

Em sua opinião, quais são as semelhanças entre a palavra "íntimo" e essa fortaleza?

Muito bem! Esta fortaleza é

Considere-se como o rei/a rainha de SEU corpo – da mesma forma, você será o rei ou a rainha da fortaleza: ninguém pode ter acesso sem sua permissão! Assim, se alguém quiser ter acesso a seu corpo (tocar você, beijá-lo, abraçá-lo), deve pedir sua autorização. E você pode perfeitamente recusar.

Exemplo prático

O que fazer se um colega de escola quiser pegar na sua mão e você não?

Lembre a ele que:

Você não lhe deu permissão para acessar seu corpo (a ponte levadiça está fechada e a grade, abaixada).

As pessoas devem perguntar sua opinião antes de tocar seu corpo. Seu corpo é sua intimidade!

25

EU NÃO GOSTO QUE ME BEIJEM. É NORMAL?

Do que você não gosta ?

Que te **beijem** ?

Que te beijem
sem perguntar antes se você permite?

Ou será que você não está à vontade
com a pessoa que quer te beijar?

Em todos esses casos, é perfeitamente normal:

- **não gostar de beijos** e não aceitar que lhe beijem!
- não gostar que alguém invada sua intimidade lhe dando beijos **sem que você tenha pedido** ou sem que a pessoa tenha perguntado se pode antes!
- não gostar de beijos e carinhos **de determinadas pessoas**, por exemplo, porque você não as conhece bem (ou porque elas têm mau hálito)!
- gostar de beijos e carinho **em determinados momentos**, e em outros não.

SEM BEIJOS!

Você sabia que há países onde não se cumprimenta ninguém com beijos?

Por exemplo:

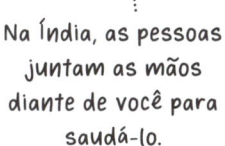

No Japão, as pessoas se cumprimentam com uma reverência.

Na Índia, as pessoas juntam as mãos diante de você para saudá-lo.

Se você tivesse nascido nesses países, jamais beijaria as pessoas para cumprimentá-las.

Exemplo prático

O que fazer se alguém (colega de classe, membro da família, vizinho ou qualquer pessoa) obrigar você a beijá-lo? Explique que:

> Seu corpo é seu território, sua intimidade: ele lhe pertence e ninguém tem o direito de ter acesso sem sua autorização – mesmo para um beijo!

> A boa educação orienta dizer "Bom-dia", não beijar todo mundo!

Você também pode inventar seu próprio jeito de cumprimentar sem necessariamente ter que dar um beijo. Por exemplo, pode apertar a mão ou fazer um toque de cotovelo (se a outra pessoa estiver de acordo).

POR QUE NÃO POSSO ME TOCAR NA SUA FRENTE E/OU NA FRENTE DE TODO MUNDO?

17

Seu corpo é sua intimidade!

Isso significa que você pode descobri-lo, tocá-lo e explorá-lo, tudo bem. Mas é melhor fazer isso num espaço que lhe pertença, como o seu quarto, ou em um local onde você se sinta bem sozinho (por exemplo, o banheiro).

As pessoas ao seu redor também têm direito à intimidade delas: você não pode impor a sua intimidade nem expor a delas.

EU POSSO FECHAR A PORTA QUANDO ESTIVER NO BANHEIRO?

18

Existe uma palavra que pode ser usada quando não se tem vontade de mostrar seu corpo ou para resguardar partes do corpo das outras pessoas: pudor . Falamos em pudor também para nos referir a sentimentos ou emoções que preferimos guardar para nós mesmos.

O pudor permite proteger a própria intimidade e respeitar a dos outros.

Cada sociedade tem seus critérios de pudor, os quais evoluem com o tempo. Há cerca de cem anos, na França, por exemplo, não era permitido mostrar os joelhos em público.

Certas famílias sentem-se mais à vontade com a nudez e se mostram sem roupa com facilidade (na saída do banho, de manhã ao acordar...). Outras famílias são, ao contrário, muito **pudicas** : significa ter um grande pudor.

Dentro de cada família, podemos observar níveis de pudor diferentes: certas pessoas gostam de andar nuas em casa, outras não – e podem inclusive ficar incomodadas com a nudez dos outros. Nesse caso, deve-se fazer um esforço para que a pessoa mais pudica se sinta confortável.

Conforme crescem, as crianças vão tomando consciência de seu pudor e da sua necessidade de intimidade.

Por exemplo, podemos:

● fechar a porta do quarto e deixar um aviso de "Proibido entrar";

● fechar a porta do banheiro para evitar que alguém entre enquanto lá estivermos;

● usar um roupão que esconda o corpo quando precisarmos nos trocar em lugar público (no vestiário da piscina ou na praia).

Portanto, se você precisa de intimidade, não hesite em deixar claro para seus pais e outros membros da família: isso também é crescer.

19

SERÁ QUE HÁ ALGUM MAL EM TER VONTADE DE TOCAR OU ESFREGAR MEU SEXO?

Não há mal algum, e é normal querer explorar seu corpo – e isso inclui o sexo. Há inclusive uma palavra para falar da descoberta de seu próprio sexo: é a masturbação .

Masturbar-se consiste em **tocar**, **acariciar**, **esfregar** ou **estimular** seu próprio sexo.

Todos os mamíferos se masturbam: é um ato natural, que lhes permite conhecer seu corpo. Os seres humanos não são uma exceção, e podem começar a se masturbar antes do nascimento (ainda no ventre da mãe).

Da mesma forma que os bebês usam as mãos para tocar o rosto, os cabelos, o umbigo, os pés... é natural ter vontade de tocar o sexo para descobri-lo ou se masturbar.

20

POR QUE EU NÃO SINTO VONTADE DE TOCAR MEU SEXO?

Cada pessoa se descobre no seu ritmo: se você não sente necessidade de se masturbar, não o faça! Nós temos toda uma vida para conhecer nosso corpo.

POR QUE FAZ BEM SE MASTURBAR?

21

Sua pele é coberta por terminações nervosas: se você tocar qualquer parte do seu corpo, uma mensagem é enviada ao cérebro, que vai reagir. Se você se belisca ou se bate, você terá uma sensação de dor. Se você puxar o cabelo, não vai ser agradável!

Por outro lado, se você tocar sua pele, é possível que sinta **prazer** ou **cócegas**, ou os dois!

O sexo é uma das partes do corpo humano mais ricas em terminações nervosas: é uma área muito sensível. Então, se você toca no seu sexo, provavelmente sentirá uma sensação agradável. E por isso talvez você tenha vontade de continuar a se tocar, de brincar, ou ainda de se molhar com o chuveirinho.

A única coisa importante é sempre respeitar sua intimidade e a dos outros: quando você se masturbar, assegure-se de fazer com calma, num ambiente tranquilo, para não ser incomodado nem incomodar outras pessoas. 😊

Será que posso me esfregar em você como ontem?

Há um nome para denominar o processo que deixa o pênis duro: **ereção** . Se você tem pênis, pode notar que, às vezes, sobretudo ao acordar, você tem uma ereção.

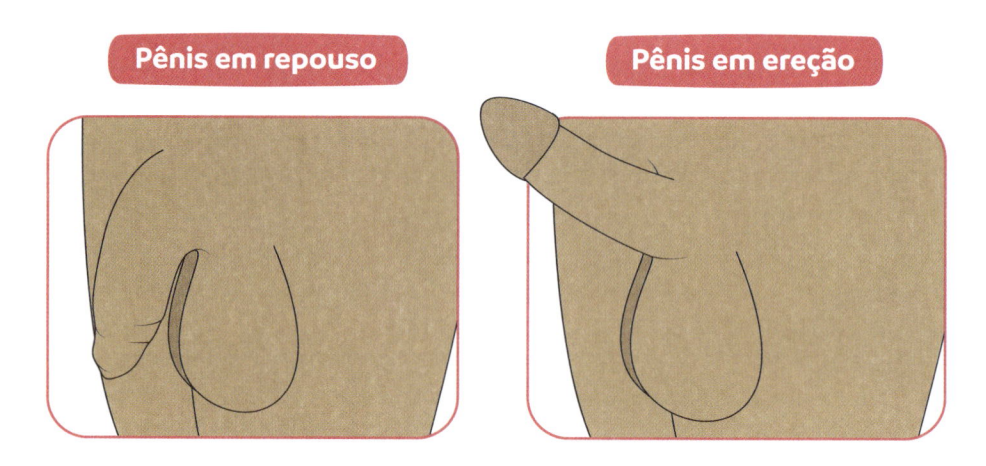

Pênis em repouso

Pênis em ereção

Essa reação de seu corpo é perfeitamente normal. Já foi observado que alguns bebês têm ereção mesmo antes do nascimento.

O corpo humano, inclusive o pênis, é repleto de vasos que permitem a circulação sanguínea. A ereção é decorrente da chegada de maior volume de sangue ao pênis. Isso pode ocorrer pela estimulação das terminações nervosas do pênis (quando você se masturba), mas também sem que você possa controlar. Por exemplo, quando a bexiga está cheia e você tem necessidade de urinar, ao acordar ou quando você dorme e sonha.

23 POR QUE DÓI QUANDO TENHO UMA EREÇÃO?

Durante uma ereção, o pênis se enche de sangue. As terminações nervosas (que são numerosas) são então esmagadas sobre as paredes penianas, o que torna o pênis muito sensível e às vezes até dolorido.

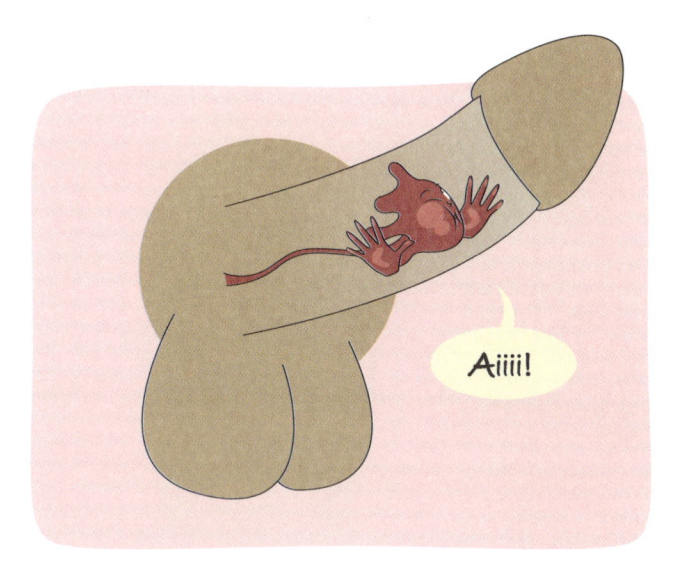

Aiiii!

VOCÊ SABIA?

Não é só o pênis que tem ereção. O clitóris, que funciona como um pênis (veja a Pergunta 5), também pode se encher de sangue e ficar rígido.

Capítulo 3
A puberdade

Queridos pais ou responsáveis,

Como vocês estão depois desses dois primeiros capítulos?

Vocês já percorreram boa parte do caminho, orgulhem-se disso!

Um fascínio misturado com medo sobre a adolescência

Se sua criança tem entre 5 e 9 anos, vocês talvez estejam prestes a entrar em sofrimento: a infância já está no passado e a adolescência ainda não chegou. Portanto, meninos e meninas estão fascinados pela adolescência, da qual ouvem falar na escola, em filmes, séries, livros e a qual muitas vezes testemunham até na família.

Se sua criança já é pré-adolescente (entre 10 e 12 anos), as questões abordadas neste capítulo são mais presentes e frequentes. Entre a serenidade e o medo das mudanças (quem não as teme?), seu filho ficará encantado de encontrar alguém que o escute com atenção para exprimir suas apreensões e fazer perguntas!

A puberdade, fase de transição entre a infância e a idade adulta

A grande responsável pelas mudanças físicas, mentais e comportamentais da adolescência é a puberdade (e seu cortejo hormonal).

Etapa de desenvolvimento observada em todo o mundo animal, a puberdade representa a transição da infância para a idade adulta, ao final da qual se tem a possibilidade fisiológica de reprodução.

Neste capítulo, vamos responder às perguntas das crianças sobre as manifestações concretas da puberdade, mas também explicar o sentido dessas mudanças.

Por isso:

• Não podemos resumir a menstruação a um fluxo sanguíneo que ocorre mensalmente.

Esse sangramento tem uma razão. Ao explicar a seus filhos sobre o fluxo menstrual, você abre caminho para que eles compreendam de onde vêm os bebês. ☺

• Não podemos resumir o esperma a um líquido branco que é expelido por um pênis em ereção!

A ejaculação do esperma tem uma razão de ser! Ao explicar a seus filhos a origem biológica desse fenômeno, vocês dão oportunidade para que eles compreendam de onde vêm os bebês. ☺

Por que falar de puberdade com as crianças?

É normal sentir alguns temores com relação a este capítulo (bem como a todos os outros), recear que seja "muito cedo" ou que conversar sobre isso possa "dar ideias" para as crianças, ou ainda porque todos os assuntos que se referem ao corpo e aos fluidos corporais ainda são encobertos por tabus!

Vale lembrar que nossa geração via publicidade de absorventes íntimos cujo sangue da menstruação era azul!

Sobretudo, segundo os princípios das diretrizes da Unesco (e centenas de estudos médicos e sociológicos compilados em sua bibliografia), enfatiza-se que:

✓ A melhor idade para começar a falar desses assuntos é exatamente no período de "latência" (entre 5 e 12 anos) – claro que as perguntas e respostas devem ser adaptadas à maturidade psicoemocional da criança, haja vista que não se dá a mesma explicação a uma criança de 5 anos e a outra de 12.

✓ Melhor do que falar para as crianças sobre seus corpos e como eles funcionam é ensinar sobre as mudanças que elas vivenciam, pois com essa prática elas se sentirão à vontade para fazer perguntas e avançar para a adolescência e a vida adulta com total tranquilidade.

Prontos para seguirmos?

> Não se preocupe, vamos dar um passo de cada vez, com alegria e bom humor! 😄

O QUE É A PUBERDADE?

Ao longo da vida você já atravessou várias etapas:

 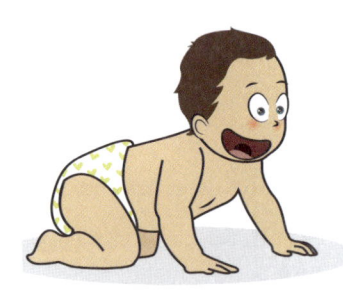 

Antes de nascer, na barriga de sua mãe, você era um feto.

Depois do nascimento, você era um bebê.

Depois de 3 anos, você não é mais bebê, você é uma criança.

A próxima etapa de seu desenvolvimento será a passagem da infância para a idade adulta: essa passagem se chama **puberdade**.

A puberdade se observa em todo o mundo animal. É a partir dela que os animais (e a espécie humana) podem **se reproduzir**, ou seja, os órgãos reprodutores passarão a funcionar e poderão *produzir bebês*!

Ver **Capítulo 8** Os bebês

Adolescência

Idade adulta

Entre os seres humanos, fala-se em **adolescência** para designar o período que se estende da puberdade até a idade adulta.

25 QUANDO MINHA PUBERDADE VAI COMEÇAR?

Da mesma forma que as pessoas não começam a falar ou andar na mesma idade, os primeiros sinais da puberdade aparecem em momentos diferentes para cada indivíduo.

Geralmente, a puberdade começa entre 9 e 14 anos (mas pode começar mais cedo ou mais tarde para algumas crianças). O período da puberdade pode durar de 3 a 5 anos!

O QUE ACONTECE NO MEU CORPO DURANTE A PUBERDADE?

Antes de descrever o que está acontecendo com seu corpo, vamos conhecer um pouco sobre o maestro da orquestra da puberdade: o cérebro .

Um pouco antes da adolescência, seu cérebro começa a produzir certos hormônios (hormônios cerebrais) que dão o comando para o seu corpo fabricar os hormônios sexuais.

Isso desencadeia a puberdade.

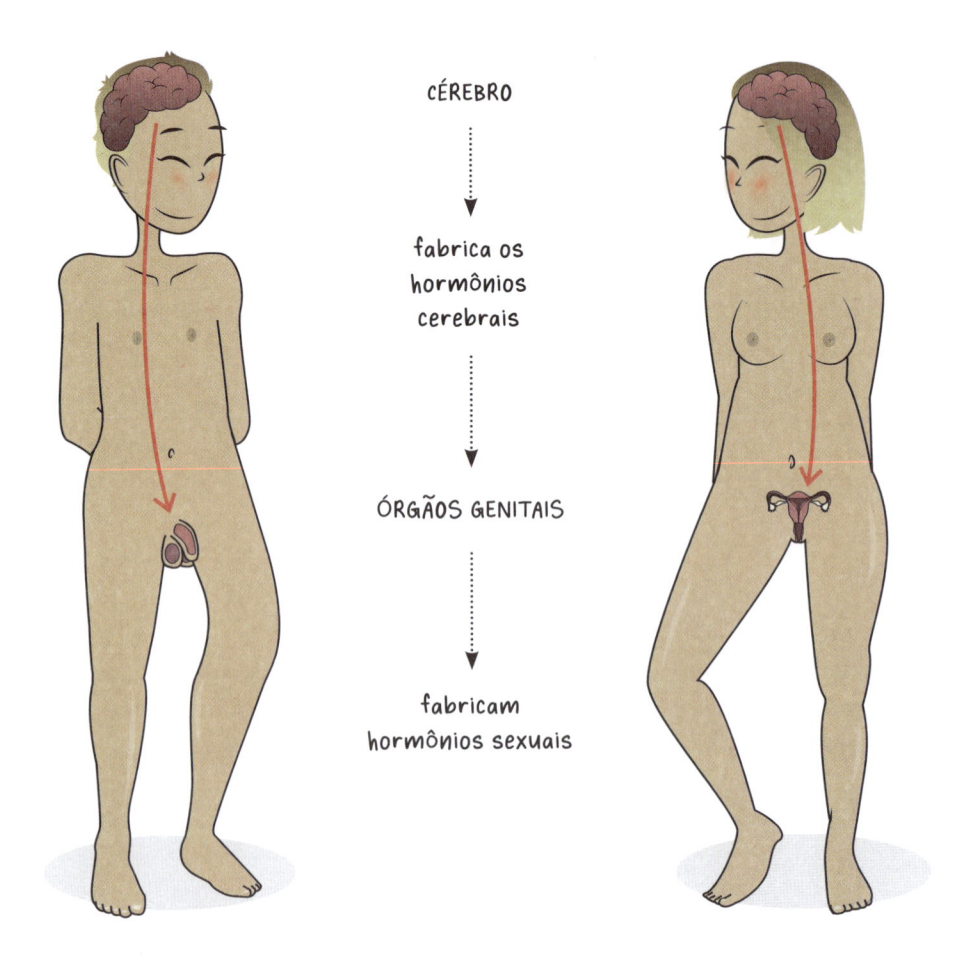

CÉREBRO

↓

fabrica os hormônios cerebrais

↓

ÓRGÃOS GENITAIS

↓

fabricam hormônios sexuais

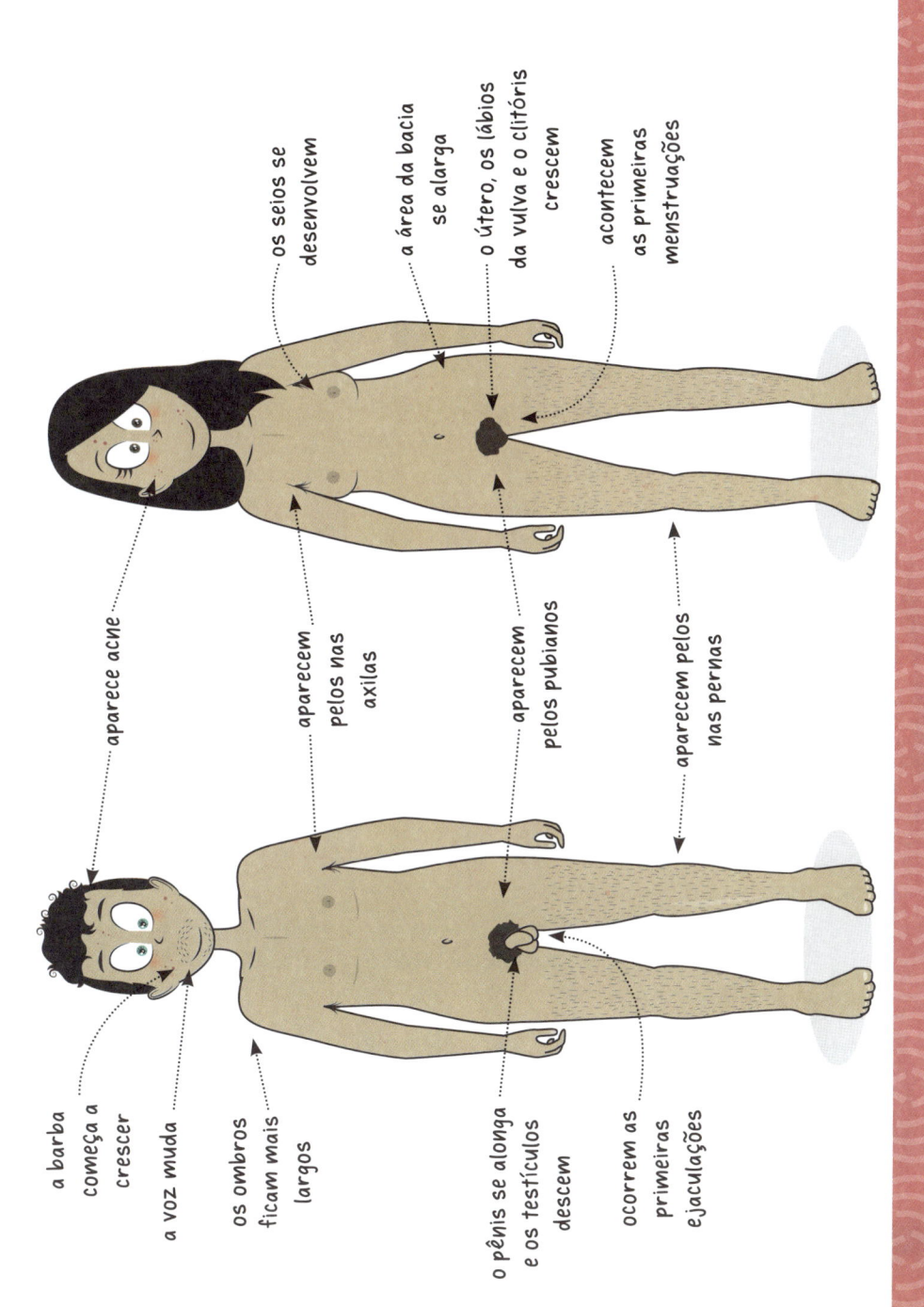

os seios se desenvolvem

a área da bacia se alarga

o útero, os lábios da vulva e o clitóris crescem

acontecem as primeiras menstruações

aparece acne

aparecem pelos nas axilas

aparecem pelos pubianos

aparecem pelos nas pernas

a barba começa a crescer

a voz muda

os ombros ficam mais largos

o pênis se alonga e os testículos descem

ocorrem as primeiras ejaculações

27 POR QUE AS CRIANÇAS MAIS VELHAS NÃO GOSTAM DE BRINCAR COMIGO?

Como você percebeu, a puberdade é acompanhada de várias mudanças corporais. E não para por aí! Os hormônios exercem um papel muito importante para o controle do humor e das emoções.

É por isso que as "crianças mais velhas" – se diz adolescentes – têm comportamentos bizarros. Não é nada simples enfrentar a **invasão dos hormônios**! Passar das lágrimas aos risos; da vontade de estar só à vontade de estar cercado de gente; do orgulho de si à vergonha, tudo várias vezes ao dia: que desafio!

Se você conhece adolescentes, lembre-se de que eles não são mais crianças mas ainda não são adultos, e essa posição intermediária está longe de ser confortável. As brincadeiras da infância já não interessam mais, no entanto as preocupações dos adultos ainda não lhes dizem respeito. Então a melhor atitude é tentar ser indulgente com eles, como você gostaria que tivessem sido com você, quando você era um adolescente. 😊

Sabe, agora compreendo, não deve ser fácil para você.

42

28 O QUE É MENSTRUAÇÃO?

A **menstruação** é um sangramento que se origina no útero, e flui através da vagina por 3 a 7 dias. Também é chamada de "regra", pois ocorre regularmente mais ou menos a cada mês (mas pode ser mais frequente ou mais espaçada, sobretudo nos primeiros ciclos).

Nas pessoas que têm útero, a puberdade se manifesta pela menarca, o primeiro ciclo menstrual, que geralmente ocorre entre 10 e 14 anos.

VOCÊ SABIA?

Não se preocupe se você menstruou mais cedo ou mais tarde que suas colegas. Cada corpo evolui no seu ritmo!

29 POR QUE A MENSTRUAÇÃO EXISTE?

Para compreender a menstruação, proponho uma pequena viagem na vida de alguém que tem útero!

Desde o nascimento – e mesmo antes – os ovários produzem óvulos. São células reprodutoras: para produzir um bebê, é necessário um encontro entre um óvulo e um espermatozoide (célula reprodutora de uma pessoa que tem pênis).

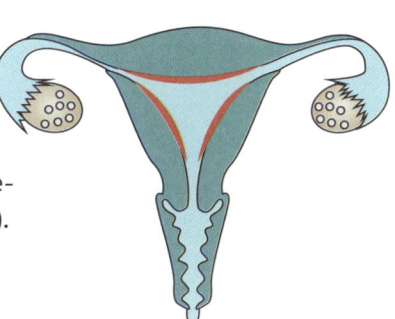

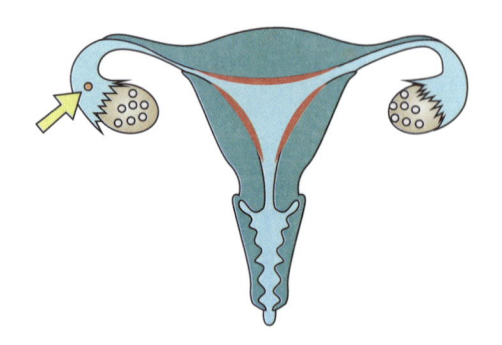

A. A cada mês, em média, os ovários liberam um óvulo no útero. Esse processo é denominado ovulação.

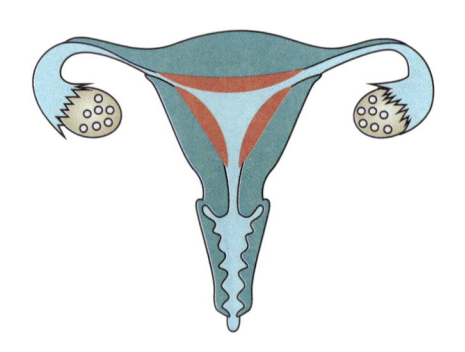

B. Depois de cada ovulação, o endométrio (parede do útero) engrossa, produzindo um ninho aconchegante, para o caso de o óvulo liberado encontrar um espermatozoide.

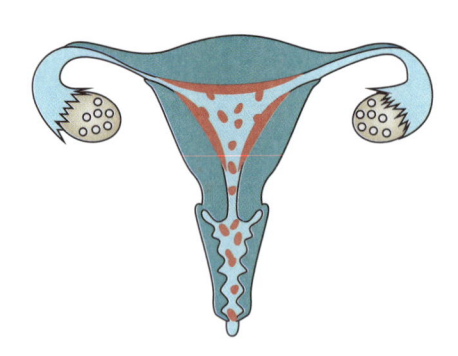

C. Há duas possibilidades:

✓ Caso o óvulo encontre um espermatozoide, juntos eles formarão um ovo (futuro bebê), que crescerá no pequeno ninho aconchegante preparado pelo endométrio.

✓ Caso esse encontro não ocorra, o ninho aconchegante não será necessário e o endométrio será eliminado pelo útero. Essa eliminação constitui a menstruação.

Portanto a menstruação é composta dos fragmentos de endométrio (sobretudo sangue), que atravessam o colo do útero e fluem pela vagina.

O primeiro dia da menstruação é considerado o primeiro dia do ciclo menstrual, e a ovulação ocorre muitas vezes no décimo quarto dia do ciclo.

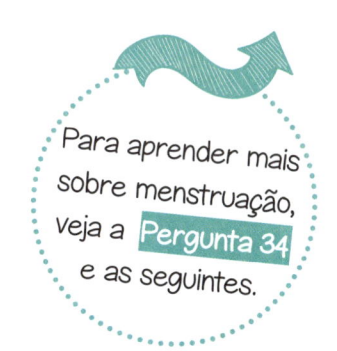

Para aprender mais sobre menstruação, veja a **Pergunta 34** e as seguintes.

B. ESPESSAMENTO DO TECIDO UTERINO

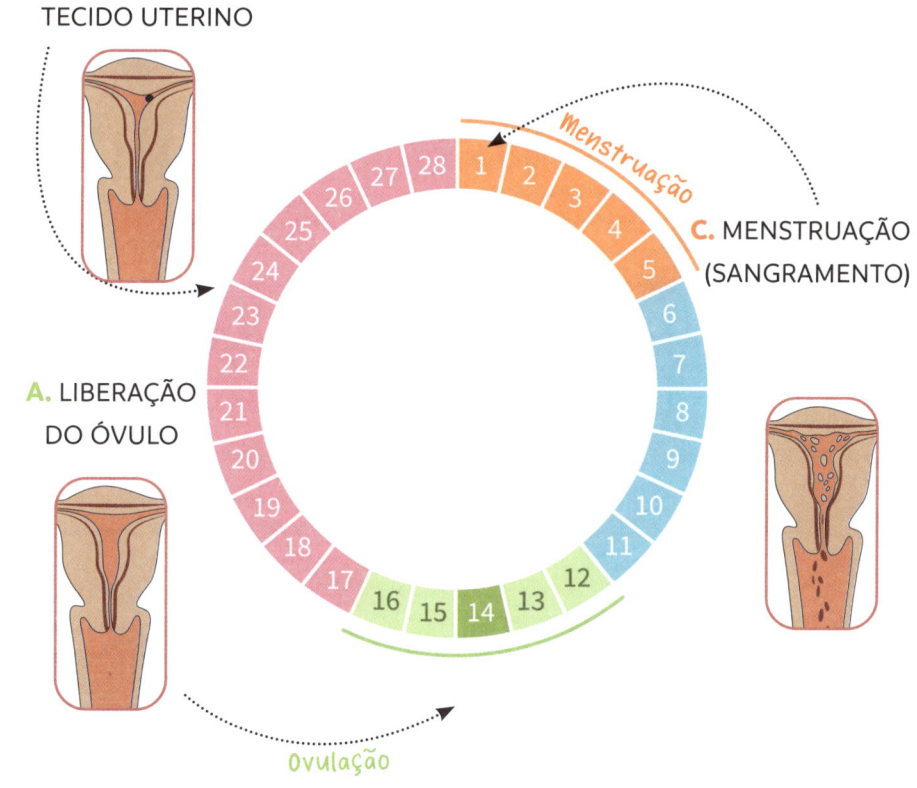

Menstruação

C. MENSTRUAÇÃO (SANGRAMENTO)

A. LIBERAÇÃO DO ÓVULO

Ovulação

VOCÊ SABIA?

A primeira menstruação, ou menarca, significa que o ciclo menstrual e as ovulações começaram a acontecer, e, a partir desse momento, a pessoa pode se reproduzir e conceber um bebê!

30 O QUE É ESPERMA?

A partir da puberdade, sob a ação da testosterona, os órgãos sexuais dos portadores de pênis começam a produzir esperma.

> O esperma é uma mistura de muitos líquidos produzidos por diferentes órgãos!

Encontramos no esperma:

- espermatozoides, produzidos pelos dois testículos e estocados no epidídimo (15% da mistura);
- líquido seminal, proveniente das vesículas seminais, glândulas sexuais internas (60% da mistura);
- líquido prostático, proveniente da próstata, outra glândula interna (20% da mistura);
- líquido produzido pelas glândulas bulbouretrais (glândulas de Cowper) (5% da mistura).

O esperma é um coquetel incrível!

Identifique no desenho os órgãos que participam da produção do esperma.

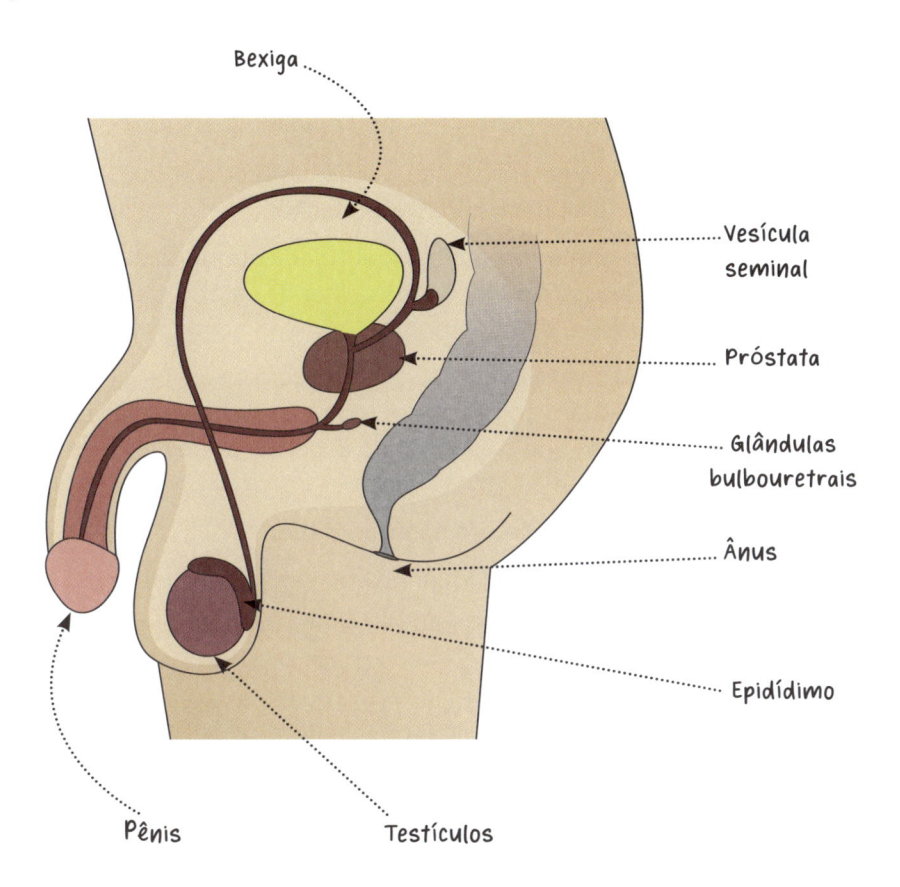

Bexiga

Vesícula seminal

Próstata

Glândulas bulbouretrais

Ânus

Epidídimo

Pênis

Testículos

VOCÊ SABIA ?

Os espermatozoides que estão no esperma participam do processo de reprodução. De fato, é o encontro entre um espermatozoide e um óvulo que permite a concepção de um bebê.

Vá ao **Capítulo 8** Os bebês para saber mais!

31. O QUE QUER DIZER "EJACULAR"?

Ejacular significa "liberar o esperma", o que é possível desde que se tenha um pênis. Esse fenômeno se denomina **ejaculação**.

Durante a ejaculação, o pênis libera uma quantidade pequena de esperma (menos de 10 mL – um pouco mais que uma colher de café), e o aspecto em geral é cremoso, pegajoso e de cor branca.

O esperma não fica estocado no corpo pronto para usar: os quatro ingredientes que o constituem se misturam logo antes da ejaculação (três segundos antes). É por isso que o aspecto do esperma pode variar de uma ejaculação para outra.

As primeiras ejaculações acontecem na puberdade:

- Algumas podem ser controladas (quando você se masturba).
- Outras são involuntárias (por exemplo, durante a noite, durante o sono).

32. POR QUE TENHO EJACULAÇÕES NOTURNAS?

Durante a puberdade, as pessoas com pênis produzem uma grande quantidade de esperma e de espermatozoides. O corpo elimina espontaneamente o excedente de esperma, graças às ejaculações que ocorrem durante o sono.

Então, nada de preocupação se você tem ejaculações noturnas! É um fenômeno totalmente normal, que pode acontecer muitas vezes por semana, inclusive vários episódios na mesma noite.

Essas ejaculações noturnas ocorrem mais frequentemente quando você sonha, durante a fase que chamamos de "sono paradoxal", mesmo se você não se lembrar que sonhou. Não há muita coisa a fazer para evitar isso. No entanto, a prática da masturbação permite diminuir a frequência, eliminando de modo voluntário o excedente do esperma produzido.

VOCÊ SABIA ?

As ejaculações são um sinal do desenvolvimento normal da puberdade. Não se deve ter vergonha se seus lençóis estão molhados ao acordar: proponho a você fazer sua parte no trabalho de casa, lavando seus lençóis. ☺

33 POR QUE NÃO CONSIGO CONTROLAR MINHAS EREÇÕES?

Como já explicado na Pergunta 24, durante a puberdade, os hormônios sexuais invadem o corpo dos adolescentes. Para as pessoas que têm pênis, a testosterona, o hormônio que rege o desejo sexual e as ereções, é produzida em grande quantidade.

Portanto, é normal haver ereções involuntárias – às vezes inclusive em alguns lugares ou momentos um pouco desconcertantes. ☺

Por exemplo, é possível que um gesto, uma palavra ou uma situação provoquem uma ereção, e nem sempre é fácil trazer seu pênis de volta ao repouso...

O que fazer quando você tiver uma ereção involuntária?

🔸 Quando você perceber, tente se isolar – para preservar sua intimidade e a dos outros.

🔸 Você pode tentar recolocar seu pênis em repouso com a respiração, colocando-o sob água ou saindo para dar uma caminhada.

🔸 Se sentir necessidade, pode se masturbar se puder se isolar, para eliminar o excesso de esperma que causa essa ereção. Melhor se isolar alguns instantes do que esperar muito tempo com uma ereção involuntária, que pode se tornar dolorosa.

Mais uma vez, *esse fenômeno é natural*: sua puberdade se desenvolve normalmente, e em breve as ereções espontâneas – e os momentos de solidão que as acompanham – serão apenas recordações distantes.

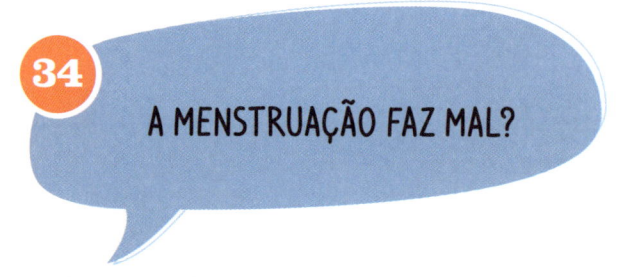

34 — A MENSTRUAÇÃO FAZ MAL?

Como explicado na Pergunta 27, a menstruação ocorre quando o útero elimina a o endométrio – quando não houve o encontro do óvulo com o espermatozoide.

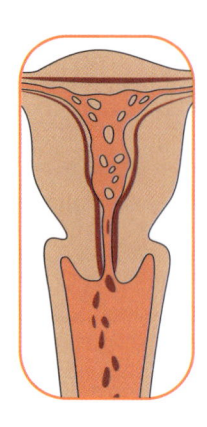

Para liberar a menstruação, o útero faz pequenas contrações, as quais permitem que fragmentos do endométrio sejam eliminados pela vagina.

É possível que você sinta contrações leves ou mais intensas (cólicas). Vai depender de cada pessoa e de cada ciclo.

Em caso de dor durante a menstruação, não hesite em falar com um médico (ginecologista). Há tratamento para diminuir essas dores.

Em todo caso, perder sangue não é algo simples: o sangue é rico em ferro, e você pode sentir fadiga durante a menstruação.

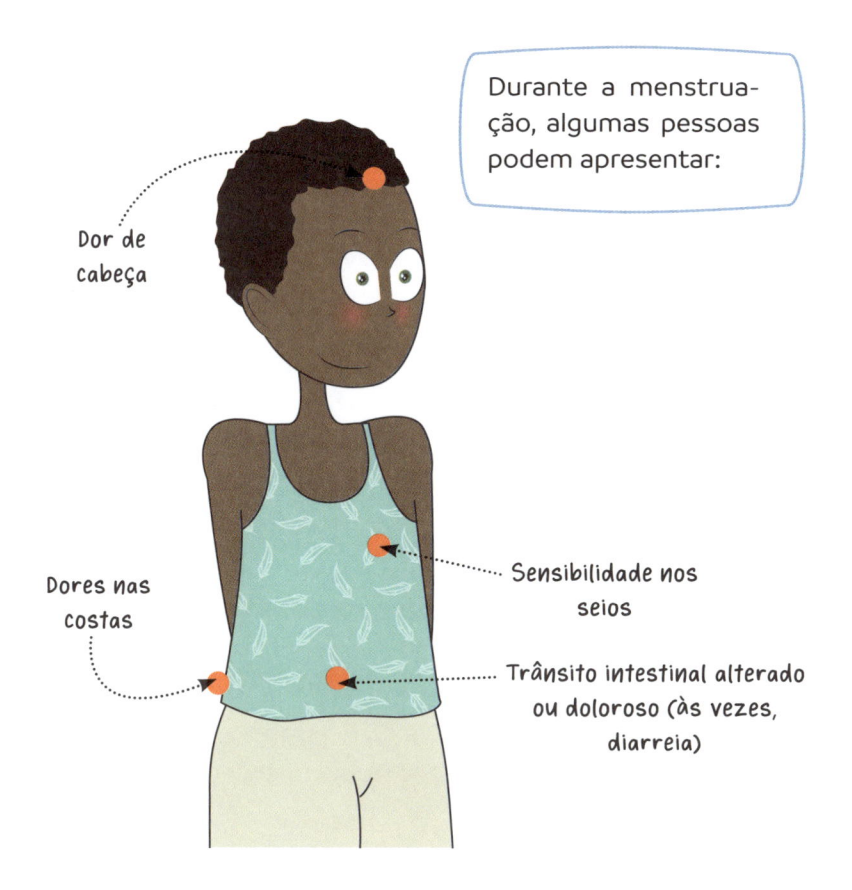

Durante a menstruação, algumas pessoas podem apresentar:

Dor de cabeça

Dores nas costas

Sensibilidade nos seios

Trânsito intestinal alterado ou doloroso (às vezes, diarreia)

Se esses inconvenientes trazem problemas para seu cotidiano, você pode conversar com alguém a respeito. Menstruar não deve ser motivo de vergonha.

Ao contrário!

É uma verdadeira façanha enfrentar o cotidiano enquanto seu corpo passa por uma revolução hormonal e física durante a menstruação.

Força!

É NORMAL TER MUITA DOR QUE ME IMPEÇA DE IR PARA A ESCOLA?

Se, apesar dos tratamentos analgésicos prescritos, a dor permanecer insuportável durante a menstruação – a ponto de não poder ir à escola nem continuar uma vida "normal" –, é preciso investigar se você tem **endometriose** ou **adenomiose**.

Essas doenças acometem cerca de 10% das pessoas que têm útero, e se caracterizam pela presença de células de endométrio ou similares:

● no músculo uterino (miométrio): adenomiose;

● em outras partes do corpo: intestino, reto, bexiga, na área pélvica: endometriose.

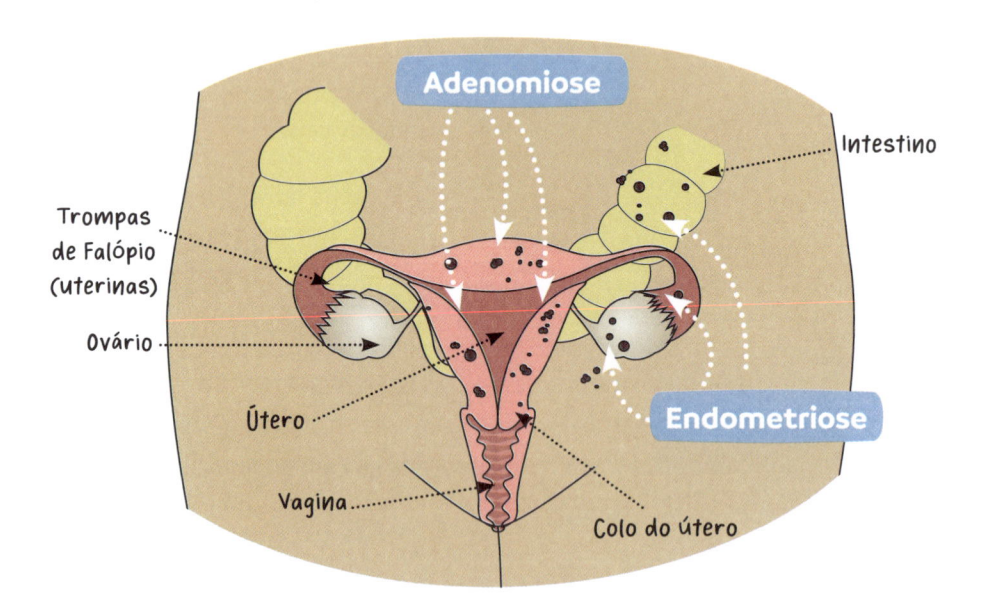

Não se sabe exatamente por que essas células do endométrio às vezes se situam fora do útero. No entanto, pode-se reconhecer os sintomas dessas doenças:

→ menstruação muito dolorosa, a ponto de impedir você de ir à escola ou realizar outras atividades;

→ fluxo muito abundante;

→ dor durante a evacuação (mesmo fora da menstruação);

→ cansaço extremo...

A endometriose é uma doença reconhecida, e há especialistas para tratá-la. Se você suspeita dela, não hesite em marcar uma consulta com um especialista para ter acompanhamento adequado.

36 POR QUE É UM TABU FALAR DE MENSTRUAÇÃO?

Em razão de crenças antigas e tradições, durante o período menstrual as pessoas que menstruam foram, por muito tempo, deixadas de fora da vida social, proibidas de participar da comunidade ou consideradas impuras ou doentes.

VOCÊ SABIA?

Em muitos países, essas discriminações ainda persistem. Por exemplo, no Nepal, as pessoas que menstruam devem viver numa cabana fora da cidade durante todo o período de sangramento.

Na França, por exemplo, só foi permitido falar sobre menstruação recentemente. Muitas pessoas da geração de seus pais só descobriram a menstruação no dia em que a tiveram pela primeira vez!

Ainda falando sobre a França, foi preciso esperar até 2018 para que o sangue fosse representado por um líquido vermelho em uma propaganda de absorventes íntimos (até então ele era representado por um líquido azul). Ao mesmo tempo, marcas de curativo não tinham nenhum receio em mostrar sangue vermelho em ferimentos no joelho!

Para você, qual a diferença de ver sangue num esfolado do joelho e sangue da menstruação?

Claro que a diferença é porque o sangramento menstrual flui pela vagina. Esse tabu não tem mais razão de ser! Não há nenhum motivo para ficar em silêncio sobre esse aspecto vivido por todas as mulheres que menstruam.

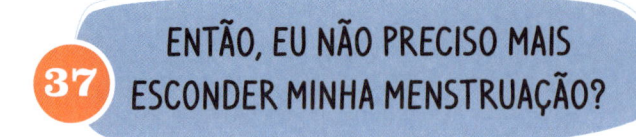

37 ENTÃO, EU NÃO PRECISO MAIS ESCONDER MINHA MENSTRUAÇÃO?

Não somente você não deve esconder, como deve sentir orgulho!

O **orgulho menstrual** é ousar dizer que você enfrenta o cotidiano – ir à escola, fazer esportes, dar um concerto ou um espetáculo, fazer uma caminhada, trabalhar num fim de semana etc. –, tudo isso gerenciando a TPM/menstruação e tudo o que ela carrega (alterações hormonais e físicas, dores, logística com os absorventes etc.).

Até recentemente, as pessoas que menstruam precisavam aguentar tudo isso em silêncio e envergonhadas. Era uma **penalização dupla**.

Agora, isso acabou! Não há por que se calar. A realidade é que relevar esses desafios a cada mês é heroico: tirar 8 em uma prova durante a TPM/menstruação é como tirar um 10. Tenha orgulho disso! 😊

E, se você tiver dificuldade em sair da cama por causa das dores intensas, não tenha vergonha de dizer "Estou menstruada e estou dando o meu melhor".

38 COMO POSSO DAR APOIO A MINHAS COLEGAS QUE MENSTRUAM?

Obrigada por perguntar! De fato, é também graças às pessoas que não menstruam que podemos acabar com esse tabu.

A primeira atitude é parar com qualquer comentário negativo ou zombeteiro acerca da menstruação. Por exemplo, nunca diga a uma pessoa que menstrua "você está naqueles dias ou quê?".

Além de não ser engraçado, é extremamente grosseiro. Esse comportamento reduz a pessoa a seus órgãos genitais.

A segunda coisa a fazer é desenvolver **empatia** com as pessoas que menstruam:

- se uma pessoa que menstrua está com uma mancha em sua calça, você deve avisá-la com discrição, talvez até emprestar seu casaco para esconder a mancha, se for o caso;
- acompanhar as pessoas que menstruam à enfermaria, se necessário;
- oferecer ajuda para carregar a bolsa (as dores menstruais às vezes podem atingir as costas) ou mesmo um copo d'água;
- ter absorventes para distribuir quando necessário.

Agora você tem todas as cartas na mão para ser um superaliado! Força!

39

COMO FAZER QUANDO EU ESTIVER MENSTRUADA?

A primeira coisa a saber é que 50% dos habitantes do planeta tiveram, têm ou terão menstruação em sua vida. É um fenômeno natural, sinal de boa saúde: **não é, portanto, motivo de vergonha ter menstruação e falar sobre ela**.

Seja sua primeira menstruação ou as seguintes, existem protetores que você pode utilizar, mantendo na sua bolsa para você ou para ajudar colegas.

Não entre em pânico se você está sem proteção! Isso acontece com todo mundo. Você pode pedir a uma de suas colegas ou na enfermaria da escola.

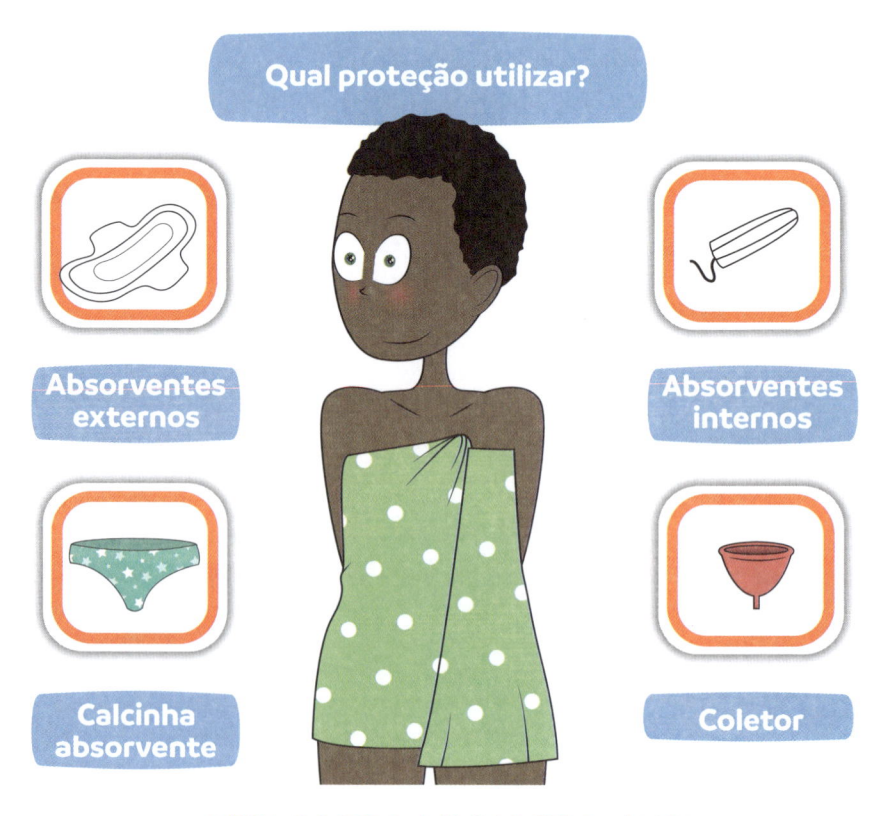

Qual proteção utilizar?

Absorventes externos

Absorventes internos

Calcinha absorvente

Coletor

MEU CORPO, MINHA ESCOLHA!

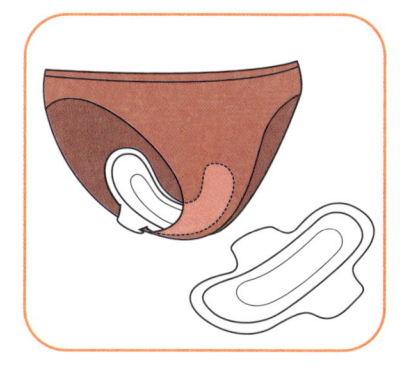

ABSORVENTE EXTERNO

O **absorvente externo** é composto por uma faixa de tecido absorvente que adere à calcinha para conter o sangue.

Existem absorventes descartáveis (disponíveis para compra em farmácias e mercados), reutilizáveis, biodegradáveis ou não.

🟠 **Vantagens** dos absorventes reutilizáveis: você pode reaproveitar várias vezes, o que é melhor para o planeta. Custam um pouco mais caro, mas o uso duradouro compensa.

🟠 **Inconvenientes** dos absorventes externos: você não pode se banhar com eles. Portanto, se você vai à praia ou à piscina, opte por um maiô/biquíni absorvente, copo coletor ou absorvente interno.

Os absorventes reutilizáveis devem ser lavados a cada uso.

Tanto os descartáveis como os reutilizáveis e os absorventes externos devem ser trocados várias vezes ao dia.

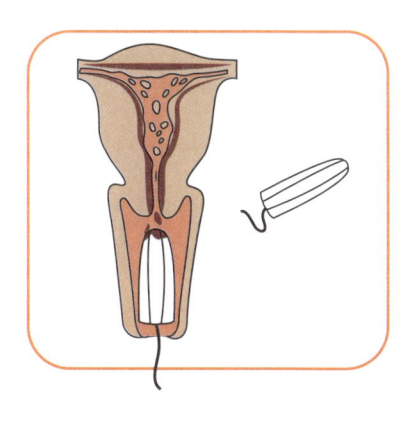

ABSORVENTE INTERNO

O **absorvente interno** é um pequeno tubo de algodão em formato de foguete que desliza pela vagina. Há um pequeno fio que serve para puxá-lo para fora quando estiver cheio de sangue.

Vantagens dos absorventes internos: você pode encontrá-los com facilidade (em versão biodegradável ou não), não ocupam muito espaço na bolsa e com eles você pode se banhar no mar ou na piscina mesmo no período da menstruação.

Inconvenientes dos absorventes internos: não é tão simples introduzir um absorvente interno na vagina. Você pode tentar um absorvente que tenha aplicador – um tubo que permite a inserção do absorvente com mais facilidade.

CALCINHA ABSORVENTE

A **calcinha absorvente** é uma calcinha com SUPERPODERES.

Não é necessário usar nada em sua roupa íntima ou na vagina: a própria calcinha fará o trabalho. Ela é mais espessa em alguns locais, permitindo a absorção do sangue sem vazamentos.

Vantagens da calcinha absorvente: você veste e está resolvido! Sem dúvida, é a proteção mais simples de usar. Existe em versão de roupa de banho para os dias de praia ou piscina.

Inconvenientes das calcinhas absorventes: mais caras, mas lembre-se de que você menstruará por mais de dois mil dias durante sua vida, por isso o investimento compensa. Devem ser lavadas: após o uso, deixe-as de molho em água fria e depois coloque na máquina de lavar.

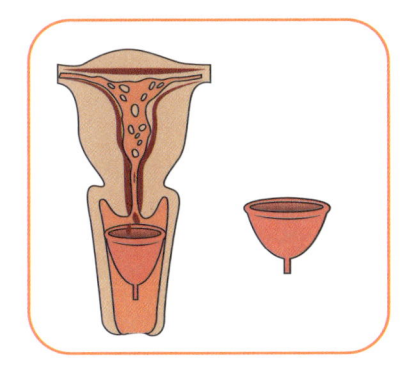

COLETOR MENSTRUAL

O **coletor menstrual** é um copinho em forma de funil, feito de silicone médico. Deve ser colocado no fundo da vagina, em volta do colo do útero, para coletar o sangue.

Regularmente (de acordo com seu fluxo), quando for ao banheiro, retire o coletor e despeje o conteúdo no vaso. Depois enxágue em água corrente antes de recolocá-lo. Em poucos minutos está resolvido!

🔴 **Vantagens do coletor:** é reutilizável se bem conservado. É também a solução mais econômica, pois um único copinho pode ser utilizado durante todo o período menstrual.

🔴 **Inconvenientes do coletor:** não é simples colocá-lo corretamente. É preciso se tocar um pouco antes de conseguir – não se preocupe se não acertar de primeira. Além disso, em banheiros públicos nem sempre haverá disponível uma torneira próxima ao vaso.

Alguns conselhos importantes:

- Quando você for manipular seus protetores periódicos, não esqueça de lavar cuidadosamente as mãos antes e depois.

- Os absorventes internos e o coletor menstrual devem ser trocados várias vezes ao dia para evitar infecções e doenças.

- Durante a noite o fluxo costuma ser mais intenso: utilize a proteção com a qual você se sente mais confortável e que possa manter por mais tempo.

40

QUE QUANTIDADE DE SANGUE SE PERDE DURANTE A MENSTRUAÇÃO?

Durante o período menstrual, a quantidade de sangue eliminado varia de acordo com a pessoa e o ciclo de cada uma. Geralmente, perde-se 100 mL de sangue ao longo de alguns dias.

Algumas pessoas perdem uma quantidade maior de sangue que outras: é o que chamamos de **fluxo intenso**.

Como saber se eu tenho fluxo intenso? Se você precisa trocar seu absorvente, coletor ou calcinha mais que uma vez a cada três horas, você tem fluxo intenso!

VOCÊ SABIA?

Durante a menstruação, os sangramentos são diferentes de um dia para o outro (não eliminamos a mesma quantidade de sangue todos os dias). Durante os primeiros dias, o fluxo é maior. A cor do sangue também varia: do vermelho vivo ao rosa, passando até por tons de marrom. Em resumo, a menstruação é uma aventura e tanto!

41 COMO EU SEI QUE A MENSTRUAÇÃO VAI DESCER?

Quando você menstruar, anote na sua agenda o primeiro dia: ele corresponde ao primeiro dia do seu ciclo menstrual. Depois de alguns ciclos, você talvez possa prever a semana das próximas menstruações. Assim poderá se prevenir colocando absorventes na bolsa. 😊

Também é possível que seu ciclo seja irregular: não se preocupe, isso é muito frequente, sobretudo no primeiro ano!

Além disso, é possível que seu corpo lhe dê informações para você situar seu ciclo!

De fato, seu ciclo é como um carrossel de sensações fortes, uma montanha-russa às vezes. Você é o carrinho. E seu motor são os hormônios.

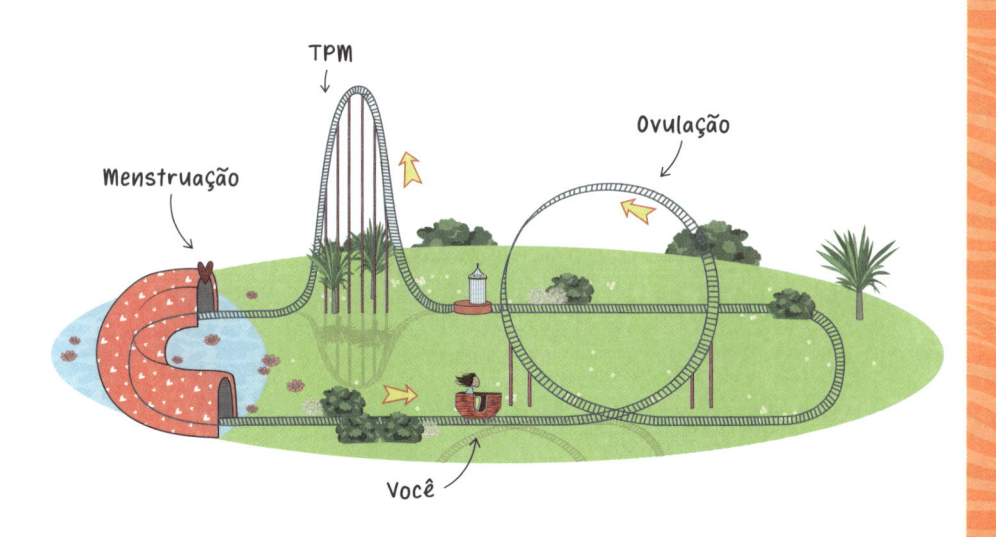

No fim do ciclo, alguns dias antes de menstruar, seu carrinho entra numa descendente, que corresponde a uma queda nas taxas de hormônios sexuais. Esses hormônios impactam seu corpo, seu humor, seu comportamento e suas emoções.

O conjunto de sinais que seu corpo envia porque é abalado por essa queda hormonal se chama **TPM** (TENSÃO PRÉ-MENSTRUAL)!

Exemplo de TPM :

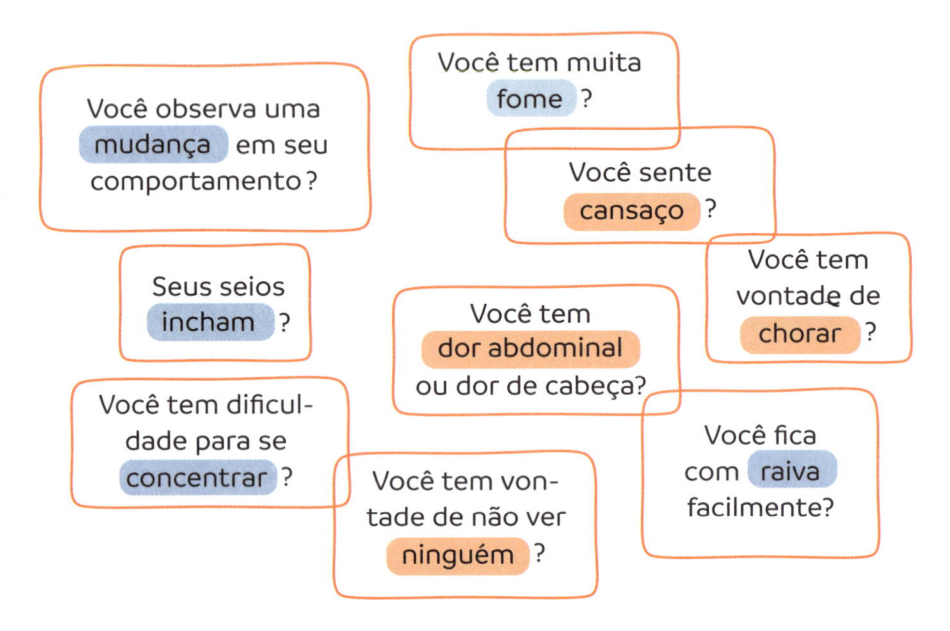

Você observa uma **mudança** em seu comportamento?

Você tem muita **fome** ?

Você sente **cansaço** ?

Seus seios **incham** ?

Você tem **dor abdominal** ou dor de cabeça?

Você tem vontade de **chorar** ?

Você tem dificuldade para se **concentrar** ?

Você tem vontade de não ver **ninguém** ?

Você fica com **raiva** facilmente?

Não entre em pânico: sua menstruação está chegando!

Não entre em pânico (2): isso dura poucos dias!

Uma receita milagrosa para enfrentar melhor a TPM?

Na verdade, não! O melhor ainda é cuidar de si mesma, fazer coisas que lhe façam bem. Por exemplo, tomar um bom banho quente, assistir uma série, ficar embaixo do edredom com um bom livro e uma bolsa térmica na região do ventre, cozinhar seu prato preferido, fazer uma sessão de relaxamento...

Você também pode tomar ar fresco, passear; oxigenar o cérebro é sempre uma boa ideia. 😊

42 POR QUE MINHA CALCINHA FICA MANCHADA FORA DO PERÍODO MENSTRUAL?

Em alguns meses, antes de sua menstruação começar, um **corrimento esbranquiçado** vem decorar sua calcinha.

Bônus: depois das primeiras menstruações, você verá que essa "decoração" muda de acordo com o momento do ciclo menstrual!

Esse corrimento esbranquiçado é uma secreção eliminada pelo colo do útero, chamado de muco cervical. Ele pode ser branco ou amarelo-claro, tem uma consistência mais ou menos pegajosa e geralmente não tem odor.

O **muco cervical** não apenas é limpo como também é essencial para sua saúde:

🔸 Protege o útero: sem ele, bactérias tóxicas podem subir até o útero. Se você notar mudança no aspecto ou no odor, não hesite em falar com seus pais ou seu médico.

🔸 O muco cervical facilita a reprodução humana: ele se torna abundante e líquido durante a ovulação, a fim de permitir que os espermatozoides percorram o caminho em direção ao óvulo!

O muco cervical é um aliado precioso de sua saúde!

VOCÊ SABIA?

Nunca tente limpar o interior de sua vagina com produto algum: o muco cervical já faz esse trabalho!

SERÁ QUE EU PRECISO DE UM SUTIÃ?

A chegada da puberdade coincide muitas vezes com a compra dos primeiros sutiãs para as pessoas com seios. No entanto, é necessário?

Se você pratica uma atividade física ou esportiva, é melhor usar um sutiã ou um top adequado a fim de preservar as fibras musculares do peito.

Fora dessa situação específica,

você é livre para decidir o que quer fazer com seus seios!

MEU CORPO, MINHA ESCOLHA!

44 SE EU TENHO PELOS, DEVO ME DEPILAR?

Você sabe para que servem os pelos?

As principais funções dos pelos são:

- manter a temperatura corporal em 37 graus;
- proteger o corpo de substâncias estranhas;
- manter a hidratação correta da pele;
- otimizar nossa sensação ao toque.

Sendo assim, por que você deseja se depilar? É porque você tem vontade? Ou os padrões atuais de "beleza" estão te induzindo a se livrar de pelos de determinadas regiões do corpo? Qualquer que seja sua decisão, lembre-se sempre de que...

A ESCOLHA É SUA!

VOCÊ SABIA?

Ninguém tem o direito de dizer o que você deve fazer com seus pelos! Se alguém lhe falar algo a respeito disso, responda que é uma falta de respeito com você e que você aguarda um pedido de desculpas!

EU AMO MEUS PELOS

45 É NORMAL SENTIR DOR NOS SEIOS?

Há sinais que anunciam o começo da puberdade: as características sexuais secundárias (pelos, menstruação, seios...) não começam ao mesmo tempo! E, a cada pessoa, os sinais variam.

Nas pessoas com útero, é comum que a puberdade comece com o crescimento dos seios. Esse crescimento se deve aos **estrógenos**, um conjunto de hormônios sexuais muito potentes. Uma invasão de estrógenos faz aumentar os seios e causa sensibilidade – se você percebe os seios mais sensíveis, saiba que é normal.

Mesmo se você tem pênis, é possível que tenha sensibilidade nos peitos: você também tem um pouco de estrógeno, pois isso não é exclusividade de quem tem útero. ☺

46 POR QUE NÃO CONSIGO CONTROLAR MINHA VOZ?

Durante a puberdade, a voz evolui sob a influência dos hormônios. Com o crescimento, a laringe (órgão situado no final da garganta) aumenta e as cordas vocais (duas camadas de músculo situadas no meio da laringe, que vibram com a passagem do ar, produzindo sons) se alongam e engrossam.

O período durante o qual as cordas vocais se modificam se chama **muda**. Ela ocorre em todas as pessoas, de todos os sexos, sendo mais pronunciada nas pessoas portadoras de pênis, em razão da forte influência da testosterona sobre a laringe.

Durante o período da mudança, a voz pode fazer "saltos" e oscilações nos agudos, o que às vezes dá a impressão de perda de controle. Nada de pânico! Essas surpresas não duram mais que algumas semanas/alguns meses. Em breve sua voz se tornará estável, e esses pequenos saltos serão apenas uma lembrança.

Se você sente dificuldade por causa de sua voz, peça a seus pais ou a um adulto de confiança para levá-lo a uma consulta com um fonoaudiólogo.

47 É NECESSÁRIO ESPERAR UM VERDADEIRO BIGODE PARA SE BARBEAR?

Sob a influência da testosterona, pelos começam a aparecer no seu rosto, muitas vezes de modo aleatório! Um princípio de penugem acima dos lábios, nas laterais do rosto, alguns pelos no queixo, nas bochechas, no pescoço...

Somente você pode decidir o que quer fazer com seus pelos:

SEU CORPO, SUAS ESCOLHAS!

Se você deseja se barbear ou quer dar um estilo pessoal a seus pelos, aí vão alguns conselhos:

→ peça a uma pessoa que já se barbeia para lhe mostrar como ela faz;

→ lave seu rosto, enxaguando com bastante água;

→ prepare sua pele aplicando espuma ou creme de barbear;

→ tire um tempo para treinar com um barbeador elétrico ou manual, a fim de escolher o método mais confortável para você;

→ enxágue abundantemente o rosto depois de se barbear e passe um creme para hidratar a pele;

→ se você se cortar, nada de pânico, isso já aconteceu com todo mundo. Existem pequenos curativos discretos para isso; 😊

→ no início, é melhor se barbear à noite para que haja tempo de cicatrizar eventuais cortes.

Atenção: se você tem acne no rosto, não hesite em consultar um dermatologista, que lhe dará recomendações para se barbear com os cuidados necessários para não machucar a pele.

48 É NORMAL TER FOME TODO O TEMPO?

A puberdade coincide muito frequentemente com um pico de crescimento: em pouco tempo, os ossos e os músculos do seu corpo vão se alongar. Esse crescimento pode, além de tudo, vir acompanhado de dores (sobretudo nas costas e nas articulações), assim como de um grande apetite!

Para produzir ossos, músculos, massa adiposa (sim, o cérebro é constituído principalmente de gordura), é indispensável ter energia. Muita energia. Então, se em certos momentos você tem a impressão de estar esgotado e de ter fome como se não tivesse comido por três dias, é "normal"!

O mais importante é tentar encontrar um **equilíbrio** nessa tempestade hormonal. Mesmo não sendo simples, deve-se optar por um ritmo de sono adequado (por exemplo, deitar-se cedo, evitar telas à noite), respeitar os horários das principais refeições (café da manhã, almoço, lanche e jantar), praticar atividade física regularmente (pode ser uma caminhada) e escolher alimentos saudáveis (reduzir o açúcar); esses hábitos podem ajudar você a otimizar sua energia!

Capítulo 4
A autoestima

Queridos pais ou responsáveis,

Vocês estão por aqui?

Uma pergunta presente ao longo da vida

Em nossa vida cotidiana, dedicamos muito do nosso tempo para trabalhar a imagem que passamos aos outros: é para isso que gastamos energia com a escolha de nossas roupas, das fotos que postamos nas redes sociais, dos regimes alimentares aos quais nos submetemos... Os complexos não têm idade, e talvez muitos de nós tenhamos nos tornado pais antes de resolver os nossos!

Por trás dessas preocupações há o medo do julgamento, da rejeição e sobretudo de não ser amado. Por isso, é necessário firmar bases sólidas para construir a autoestima e a autoconfiança.

Tranquilizem suas crianças

Neste capítulo, a proposta é responder às questões que podem surgir à medida que as crianças crescem e tomam consciência de códigos ou modas veiculadas em seu ambiente escolar, familiar e sociocultural (TV, meios digitais, literatura...).

Para auxiliar a criança a se amar e ter confiança em si mesma, vocês podem explicar a ela que tanto a beleza como o gênero são construções mais sociais que biológicas. De acordo com a cultura, a época, a moda, os padrões de beleza variam. Cada pessoa tem seu lugar nesse mundo, e todos devemos nos cercar de pessoas que nos aceitem como somos.

Tranquilizem sua criança como vocês gostariam de ter sido tranquilizados. Não importa como é seu corpo, sua aparência, seu físico, o mais importante, sem dúvida, é sua beleza interior.

Prevenir o assédio ou _bullying_

É possível que vocês pensem que é cedo demais para abordar esses pontos com sua criança. Se assim for, podem pular esta parte e retornar a ela depois, quando vocês e a criança estiverem prontos.

Na França, por exemplo, estima-se, que a cada 8 crianças, 1 seja vítima de assédio ou *bullying* na escola primária – e, dentre estas, 5% de modo grave a muito grave.* Nem sempre é simples identificar que uma criança é vítima de assédio ou *bullying*, tamanhas são a vergonha e a culpa envolvidas no processo.

Abordar as questões deste capítulo permitirá a sua criança compreender se ela está diretamente exposta a esse problema (exercendo ou sendo vítima dele), ou se está testemunhando algum tipo de assédio, e falar a respeito.

Boa utilização das redes sociais

A prevenção deve incluir o *cyberbullying* e o assédio virtual, dos quais se estima que 20% dos jovens sejam vítimas na França.** Se na nossa época estávamos "em segurança" assim que entrávamos em casa, na atualidade crianças e adolescentes estão constantemente expostos em razão do uso de smartphones e redes sociais.

Estima-se que 58%*** das crianças entre 11 e 12 anos tenham pelo menos uma conta em redes sociais, apesar de esse acesso ser proibido a menores de 13 na França.

Vários estudos sobre *cyberbullying* e assédio virtual têm demonstrado que o uso indevido das redes sociais pode prejudicar seriamente a saúde mental dos adolescentes. Entre alguns dados, salienta-se que cerca de 40%**** das adolescentes entre 10 e 15 anos apresentam sinais de desconforto, depressão e problemas relacionados ao sono, bem como uma imagem corporal ruim.

As questões abordadas neste capítulo ajudarão a explicar para sua criança por que é tão importante fixar regras de uso das redes sociais: justamente para protegê-la!

Sobre a diversidade de corpos

Nossa geração de pais sofreu bastante por não ter tido nenhuma representatividade da diversidade de corpos. Na nossa juventude, não somente as modelos eram sempre brancas, magras, em boa forma como muitos de nós nos considerávamos anormais ou desformes por causa de seios assimétricos, pênis menores ou curvos, lábios internos maiores que os externos, entre outras coisas.

Ao explicar para a criança (e mostrar uma boa galeria de imagens de vulvas, seios, pênis) que a diversidade de corpos é infinita, vocês a estarão presenteando com um imenso poder:

O de se sentirem à vontade, não importa que corpo ela tenha!

---

* Fonte: "À l'école des enfants heureux… enfin presque", pesquisa realizada pelo Observatoire international de la violence à l'école pela Unicef França, março de 2011. ** e-enfance.org (pesquisa realizada com a Caisse d'Épargne, outubro de 2021). *** asso-generationnumerique.fr (pesquisa de fevereiro de 2022). **** Kelly et al. (2018), *Social Media Use and Adolescent Mental Health: Findings From the UK Millenium Cohort Study*.

O QUE QUER DIZER SER BONITO OU BONITA?

A beleza tem muitas definições. Nos dicionários há várias delas, por exemplo:

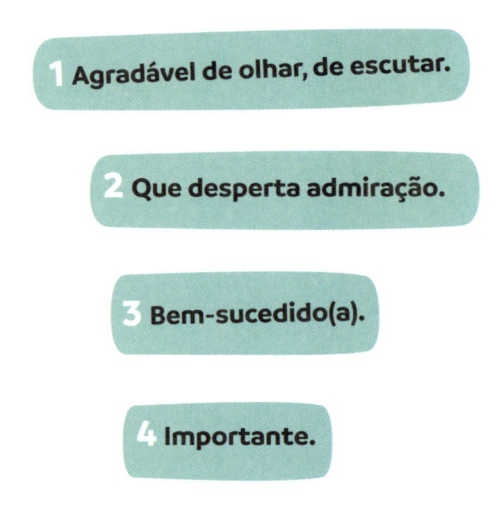

1 Agradável de olhar, de escutar.

2 Que desperta admiração.

3 Bem-sucedido(a).

4 Importante.

A armadilha está em achar que a beleza está somente na aparência!

Cada pessoa tem corpo e personalidade únicos, que a fazem brilhar. Há beleza em todos os que se realizam por meio de seus talentos, suas paixões e seus sonhos.

Perceber a si mesmo e estar disponível para os outros, tentar sempre fazer o bem ao seu redor (na escola, com seus amigos, sua família) traduz a beleza interior, aquela que faz de você **uma bela pessoa**.

50 COMO DEVO FAZER PARA TER CONFIANÇA EM MIM?

VOCÊ SABIA?

HAHAHAHA! Agradeço muito por essa pergunta. Não é nada fácil ter confiança em si mesmo: até os adultos se atrapalham com isso. Desenvolvê-la demanda tempo e um pouco de trabalho – como uma boa receita de comida. 😊

Aqui estão os ingredientes de que você precisa:

1 Um espelho.

2 Sua música preferida.

3 E muita energia.

Primeiro, fique na frente do espelho e cumprimente as cinco partes do seu corpo. Por exemplo, você pode dizer a seus olhos que os acha brilhantes. Você pode dizer a seus pés que eles correm rápido, e assim por diante.

Depois, encontre três qualidades suas que você aprecia (coragem, gentileza, educação, aptidão para algum esporte, a música ou um jogo, inteligência, boa memória, talentos artísticos, força, rapidez...).

Por cada uma dessas qualidades, parabenize-se.

Agora, prepare-se: vamos misturar tudo!

Coloque sua música preferida para tocar e comece a pular na frente do espelho – é importante se aquecer. 😄

Depois de um minuto de aquecimento, dance como se o mundo exterior não existisse: todos os movimentos estão liberados. Levante a cabeça, o queixo e os braços, faça o V da vitória e grite de alegria:

Eu sou único(a).

Eu arraso.

Eu dou o meu melhor.

Eu me amo porque sou uma bela pessoa.

Eu faço o mundo melhor a cada dia.

Eu vou realizar meus sonhos.

Eu peço ajuda quando preciso.

Eu posso.

Eu sou útil.

Eu sou capaz de realizar grandes coisas.

Eu compartilho meu bom humor.

Eu acredito em mim.

Eu não tenho medo de ousar.

Eu tenho orgulho de mim.

Tem sempre alguém que pensa em mim e me ama.

Eu tenho direito de ser diferente.

Eu tenho direito de errar.

É isso! Está sentindo ela chegar? A confiança em você? 😊

Tenha calma, esse processo leva tempo, e você pode treinar todo dia se quiser!

Lembre-se de que a confiança está antes de tudo na sua cabeça: o olhar dos outros é um espelho de como você se vê e de até que ponto você acredita em si mesmo.

Se você acredita em sua beleza interior, os outros também vão acreditar!

VOCÊ SABIA?

Algumas pessoas não enxergarão a sua beleza interior – azar delas. Não tente mudar para atrair a atenção de ninguém! A vida é muito curta para tentar agradar todo mundo! Ser você mesmo é o mais importante DE VERDADE.

51

ESMALTE, MAQUIAGEM E COR-DE-ROSA SÃO COISAS DE MENINA?

Na sua opinião, quando você nasceu, já tinha cores preferidas? Você acha que as meninas nascem preferindo a cor rosa e os meninos preferindo a cor azul? 😊

Claro que não: é a nossa sociedade atual que atribui gênero às cores, que decide qual a melhor cor para as meninas e para os meninos.

Da mesma forma, bebês não nascem querendo (ou não) usar brincos, esmalte, saia ou maquiagem. É quando crescemos que "aprendemos" que esses acessórios são ligados ao gênero (dizemos, por exemplo, que são coisas de menina).

Na época dos faraós no Egito, ou no reinado de Luís XIV na França, os homens usavam maquiagem, perucas, túnicas (parecidas com saias) e joias.

Ainda hoje, em muitos países, homens usam saias ou vestidos: na Escócia, na Índia, na África, no Oriente Médio... Assim como a maquiagem, que em muitas culturas é utilizada sem distinção de gênero.

Como você pode ver, usar certos acessórios ou roupas não é exclusivo para "meninas", nem para gênero nenhum...

Portanto, não importa qual seja o seu gênero, sua escolha de roupas é válida desde que você se sinta bem com ela. Sua maquiagem, seu corte de cabelo, seus acessórios são escolhas suas, e ninguém tem o direito de questionar o seu gosto.

SEU CORPO, SUAS ESCOLHAS!

Você pode usar as roupas e acessórios que lhe agradem, desde que seja seguro para você e os outros (por exemplo, em algumas aulas não são permitidos colares, para evitar o risco de estrangulamento).

52

MINHAS COLEGAS ME DIZEM QUE SOU UMA MENINA MASCULINIZADA. O QUE DEVO RESPONDER?

HAHAHA! Você pode responder que você é uma menina (ou o que quiser) bem-sucedida! ☺

Falando sério agora: pergunte a seus amigos o que eles de fato querem dizer com "menina masculinizada".

Você gosta de subir em árvores, jogar futebol, fazer bagunça com os meninos, usar tênis? Por que isso faz de você um "menino"?

Seus hábitos ou acessórios não fazem de você um menino, uma menina ou qualquer outro gênero que exista. Seu comportamento, seus *hobbies*, os esportes e as coisas que você ama, as pessoas de quem você gosta, os artistas que você admira, nada disso define seu gênero.

O gênero é antes de tudo uma questão de sentimento.

Se você se sente uma menina e decidiu sair da caixinha que diz "as meninas devem fazer assim e os meninos devem fazer assado", esse é um ato de coragem que faz de você uma pessoa livre.

VOCÊ SABIA?

Talvez suas amigas também tenham vontade de ser livres como VOCÊ É, desapegada da imagem da "menina perfeitinha" que a sociedade gostaria que você fosse!

POR QUE DIZEM QUE OS MENINOS NÃO DEVEM CHORAR?

Porque, se eles choram, vamos saber que eles são humanos? ☺

SIM, as lágrimas são um meio de expressão dos seres humanos. Choramos porque as emoções nos atingem. Como reação, nosso corpo transborda. Podemos chorar de tristeza, de dor, mas também de alegria e de tanto rir! As lágrimas permitem que as emoções passem do interior para o exterior do corpo, um pouco como as palavras.

De fato, chorar diz algumas coisas. E MESMO os meninos têm coisas a dizer!

Pode ser que as pessoas que pensam que "meninos não choram" tenham outra ideia em mente: a de que os meninos seguram suas lágrimas para mostrar que são mais fortes – mais fortes que as meninas pelo menos.

Mas, na sua opinião, quem é a pessoa mais forte? Aquela que assume corajosamente suas emoções ou aquela que não ousa vivê-las plenamente?

Proibir-se de chorar não é um ato de força. Então, não só os meninos têm o direito de chorar como isso é um ato de coragem. E às vezes faz muito bem!

MEU IRMÃO MAIS VELHO TEM ESPINHAS. SERÁ QUE VÃO DESAPARECER UM DIA?

Não, claro que elas vão ficar aí pelo RESTO DA VIDA!!!

Brincadeira!!!

Durante a puberdade, a chegada intensa de hormônios sexuais provoca frequentemente o aparecimento da acne nos adolescentes. Não se preocupe – estamos todos de acordo que ficar com a cara toda espinhenta não é o sonho de ninguém!

Se a acne faz você se sentir mal, coça e atrapalha seu dia a dia, você pode pedir aos seus pais para consultar um dermatologista, que vai prescrever um tratamento específico para isso.

Tenha paciência! Com o tempo, a acne vai desaparecer.

Adotar hábitos saudáveis (dormir bem, ter uma dieta equilibrada, praticar atividade física regular, evitar estresse) vai ajudar seu corpo a se equilibrar, e sua pele também vai melhorar!

55 É NECESSÁRIO SER MAGRO PARA SER BONITO?

Obrigada por essa pergunta genial, que é muito importante. Para respondê-la, proponho uma viagem através do mundo e do tempo. ☺

Para você, qual era o ideal de beleza no século XVII na Europa? E no século X na Ásia? E no século XX na América?

ÁSIA

EUROPA

AMÉRICA

O que é a beleza?

Como você pode ver nessas fotos, os padrões de beleza mudam de acordo com o lugar e a época.

Hoje, no Ocidente, a magreza costuma ser um dos primeiros critérios de beleza. Isso acontece quando pessoas magras são priorizadas (em desfiles de moda, revistas, propagandas, na TV, em filmes e séries) enquanto pessoas gordas são excluídas.

Isso causa inúmeros problemas:

● Primeiro porque não corresponde à realidade! Na França, por exemplo, 99% das pessoas adultas não conseguem entrar em roupas tamanho 34. A morfologia de uma pessoa (magro/médio/gordo) depende da sua herança genética (dos genes herdados de seus ancestrais), de sua atividade física e de sua alimentação. Mesmo melhorando a atividade física e a alimentação, não podemos mudar a herança genética. E quase ninguém tem genes que façam caber em roupas minúsculas.

● As pessoas gordas se sentem frequentemente excluídas. Nossa socie-dade pratica a "gordofobia": esse é o nome dado ao medo ou à rejeição às pessoas gordas. A "gordofobia" é visível no cotidiano; basta abrir uma revista ou ligar a televisão: raramente as pessoas gordas estão represen-tadas. Elas são mal compreendidas e desprezadas por uma sociedade que as responsabiliza por serem doentes, por não se esforçarem ou ainda por não serem magras.

Na verdade, doente é a nossa sociedade, não essas pessoas!

● Muitos adolescentes e adultos vigiam o peso e a alimentação para atingir uma ma-greza idealizada. Essa atitude pode ser peri-gosa, sobretudo quando a vigilância se torna obsessiva. Se comer se tornou uma angústia para você, procure rapidamente um médico ou um adulto de sua confiança.

Para um pequeno lembrete, volte à **Pergunta 49** !

Portanto, NÃO: não é preciso ser magro para ser bonito!

Lembre-se sempre da Pergunta 49: a beleza de uma pessoa está em como ela se realiza, em como ela brilha, em como escuta a si mesma e aos outros.

BELEZA NÃO É UM NÚMERO NA BALANÇA!

EU TENHO DIFICULDADE DE ENCONTRAR MEU LUGAR NA ESCOLA, COM MEUS COLEGAS.

Atualmente, muitas pessoas (mesmo jovens, isso começa na escola) têm espírito de competição: ser o melhor, o mais popular, o mais forte, o mais engraçado, o mais estiloso, o mais rico, o mais falador. E, evidentemente, o mais bonito – segundo padrões discutíveis.

Qualquer um pode, facilmente, se sentir excluído dessa competição, inclusive rejeitado.

De fato, a menor diferença é sempre apontada (timidez, diferenças físicas, doença, deficiências, situação familiar atípica, identidade de gênero minoritária, origem social ou étnica...) e é alvo de gozação. Isso isola as pessoas do resto do grupo.

Se você tem dificuldade de encontrar seu lugar, é porque você é único – e esse é o **SEU SUPERPODER**!

Observe ao seu redor e você verá outras pessoas que não têm vontade ou não podem entrar nos padrões. Juntos, vocês poderão desabrochar!

57 POR QUE A GENTE SE CHATEIA NA ESCOLA?

Há uma diferença entre **rejeição** e **assédio** ou **bullying** .

✓ Rejeição é ser excluído de um grupo.

✓ Assédio ou *bullying* é uma violência (moral, verbal ou física) direcionada de modo repetido a uma mesma pessoa.

Exemplos de assédio ou *bullying*:

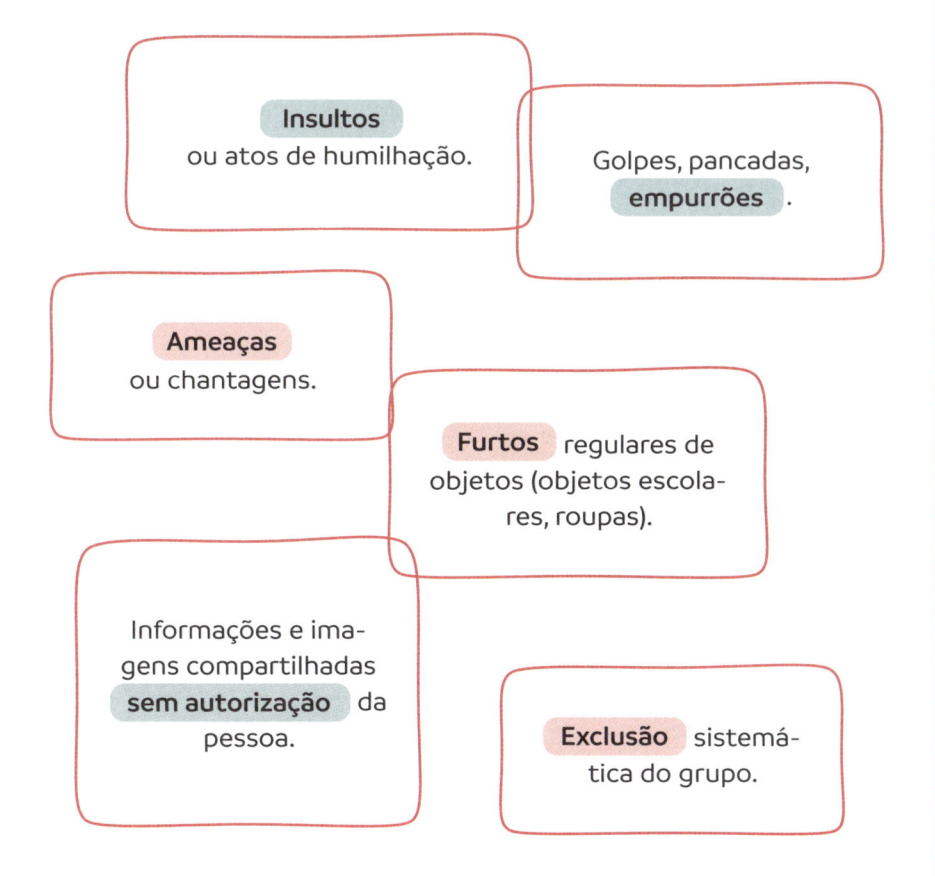

Insultos ou atos de humilhação.

Golpes, pancadas, **empurrões** .

Ameaças ou chantagens.

Furtos regulares de objetos (objetos escolares, roupas).

Informações e imagens compartilhadas **sem autorização** da pessoa.

Exclusão sistemática do grupo.

Se você é vítima de assédio ou *bullying*:

🔴 Não se deve ter vergonha: o que acontece não é sua culpa, são os assediadores que deveriam ter vergonha!

🔴 Não deixe a situação durar!

🔴 Converse com adultos de confiança sobre o assunto: seus pais, seus professores, um amigo, uma pessoa da família ou da vizinhança!

🔴 Não tenha medo de represálias: você tem o direito de ser protegido de todas as formas de violência. O papel da lei é garantir sua segurança. Portanto, se ocorrem fatos graves, é possível registrar queixa contra as pessoas que estão fazendo assédio!

Se você é testemunha de uma situação de assédio ou *bullying*:

🔴 Dê suporte à pessoa que está sendo assediada. As vítimas de assédio são frequentemente excluídas do grupo. Não participe disso e se aproxime da pessoa!

● Não dê risada quando uma pessoa for vítima de humilhação, insultos ou pancadas. Se você fica dando risada (por medo de ser excluído do grupo), está participando do assédio ou *bullying*.

● Não participe do assédio ou *bullying* compartilhando informações ou imagens humilhantes de uma pessoa.

● Só fale sobre o que você testemunhou com adultos de confiança.

● Se você conhece as pessoas que fazem assédio, é importante falar com elas para que compreendam que isso é uma violência e que devem parar com a prática imediatamente!

Em vários lugares existe um número de telefone gratuito para onde você pode ligar e denunciar se for vítima ou testemunha de um assédio. Informe-se na sua escola e cidade sobre canais de denúncia de *bullying*.

O assédio pode ocorrer na vida real (na escola, por exemplo) ou nas redes sociais. Nesse caso, você pode denunciar em qualquer delegacia ou ligando gratuitamente para 100.

TODOS OS ALUNOS DA MINHA CLASSE TÊM CONTA NAS REDES SOCIAIS. POR QUE EU NÃO TENHO DIREITO?

É compreensível que, se seus colegas estão nas redes sociais e você não, é possível que você tenha a impressão de estar perdendo informações, eventos e discussões. No entanto, há boas razões para esperar um pouco antes de começar.

A primeira razão é legal. Na França, por exemplo, a lei impede que pessoas menores de 13 anos tenham conta em redes como TikTok, Snapchat, Instagram, Facebook, WhatsApp. Por volta de 13 a 14 anos, pode-se criar uma conta, desde que seja supervisionada por um adulto, e apenas aos 15 anos se pode evoluir para uma conta independente.

Esses limites não são escolhidos ao acaso: médicos e especialistas em infância estimam que, antes dos 13 anos, há um risco real para as crianças nas redes sociais. Sobretudo porque elas podem ser expostas a conteúdos violentos, impressionantes e traumatizantes, por isso antes dessa idade é melhor **interagir com pessoas na vida real**, ler livros, construir o senso crítico... tudo isso será muito útil quando você chegar às redes sociais. 😊

VOCÊ SABIA ?

Alguns adolescentes passam mais tempo postando suas vidas nas redes sociais do que realmente vivendo. É como uma competição de quem terá as melhores fotos, vídeos e histórias – saiba que uma boa narrativa nas redes não significa uma boa vida. 😊

É melhor se concentrar na única pessoa que pode validar que você é uma pessoa formidável: você mesmo!

59 UMA PESSOA ME INSULTA REGULARMENTE NAS REDES SOCIAIS. O QUE POSSO FAZER?

Se uma pessoa espalha na internet ou nas redes sociais insultos, rumores, informações contra você, fotos ou vídeos seus sem seu consentimento e com o objetivo de humilhar, prejudicar ou zombar de você, isso se chama *cyberbullying*, ou assédio virtual.

É crime, e, como você é menor de idade, a pessoa corre o risco de ir presa e de pagar uma multa bem elevada.

Da mesma forma que com o assédio ou *bullying*, você não deve ter vergonha do *cyberbullying*:

- Não responda aos comentários, aos insultos, às mensagens desrespeitosas que ferem.
- Conserve as provas (faça capturas de tela com seu celular).
- Desconecte-se de todas as suas contas nas redes.
- Rapidamente, procure ajuda de pessoas de sua confiança (pais, professores etc.).

Em alguns países há um número de telefone gratuito para dar queixa de *cyberbullying*.*

Por fim, aqui estão alguns conselhos de segurança para quando você começar a navegar nas redes sociais: seja sempre respeitoso em todas as situações, jamais aceite desconhecidos como seguidores ou amigos, verifique com atenção o conteúdo que você compartilha, respeite a vida particular das outras pessoas, preserve seus dados pessoais (nunca coloque seu telefone ou endereço), nunca clique em links "suspeitos", informe imediatamente a seus pais ou a uma pessoa de confiança se um adulto entrar em contato com você, mude sua senha com frequência – e guarde-a só para você!

---

*N.E.: No Brasil você deve ligar para o número 100.

POR QUE MEU SEIO ESQUERDO É MAIOR QUE O DIREITO?

Você já notou que um dos seus pés é um pouco maior que o outro?

Da mesma forma, é muito provável que uma perna sua seja um pouquinho mais curta que a outra.

Por quê? Porque nosso corpo não é simétrico.

E isso vale também para seios, testículos, lábios internos e externos!

Logo, não se preocupe, você é "normal"! ☺

VOCÊ SABIA?

Você sabia que há uma infinidade de formatos de seios na natureza? É provável que os seus não tenham o mesmo formato dos seios de suas colegas!

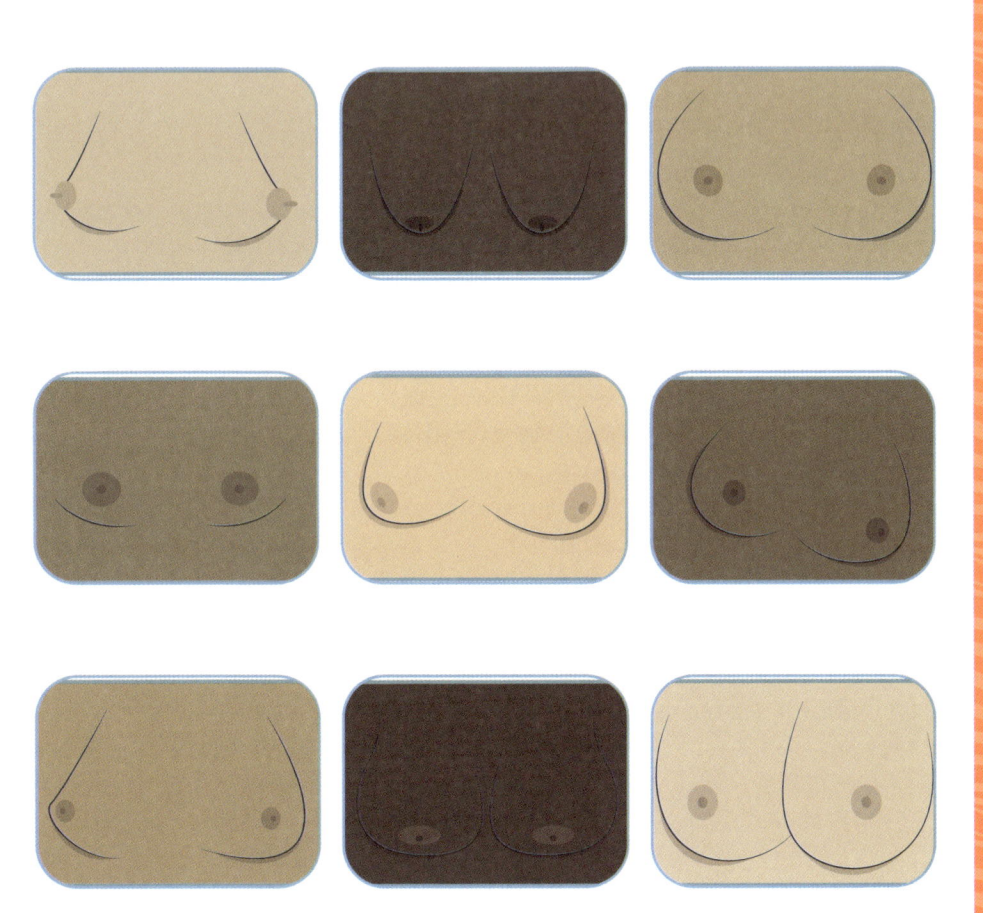

61 POR QUE MEUS COLEGAS TÊM O PÊNIS MAIOR QUE O MEU?

Obrigada por essa pergunta, que poucas pessoas ousam fazer!

Comparar-se com seus colegas é natural, e essas comparações são comuns: quem corre mais depressa? Quem salta mais alto?

Portanto, se você notar uma diferença no tamanho de seu pênis, é normal fazer essa pergunta.

Em primeiro lugar, o pênis se desenvolve até o final do crescimento do seu corpo (mais ou menos até os 18 anos). Então, antes disso é inútil se preocupar com o tamanho definitivo do pênis. 😊

Além disso, há muitas coisas a saber sobre o pênis!

🔵 Existem os chamados "pênis de carne" e os "pênis de sangue". O pênis de carne tem o mesmo comprimento e grossura em repouso e em ereção.

Ao contrário, o pênis de sangue, que parece menor em repouso, vai ser preenchido de sangue durante a ereção e ganhar tamanho e grossura significativamente maiores. Então, se você tem um pênis de sangue, é inútil comparar o tamanho dele em repouso com pessoas que têm pênis de carne. 😊

🔵 Durante a ereção, os pênis ficam quase todos do mesmo tamanho, entre 12 e 18 cm.

🔵 O tamanho do pênis ereto tem pouco impacto sobre o prazer que eles têm ou proporcionam.

PÊNIS DE CARNE

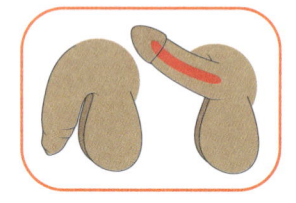

PÊNIS DE SANGUE

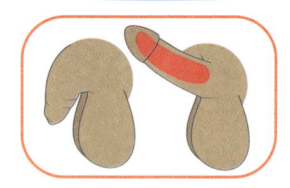

Como os seios, há múltiplas formas de pênis na natureza!

Logo, faça as pazes com seu pênis – há um lugar para ele neste mundo. 😊

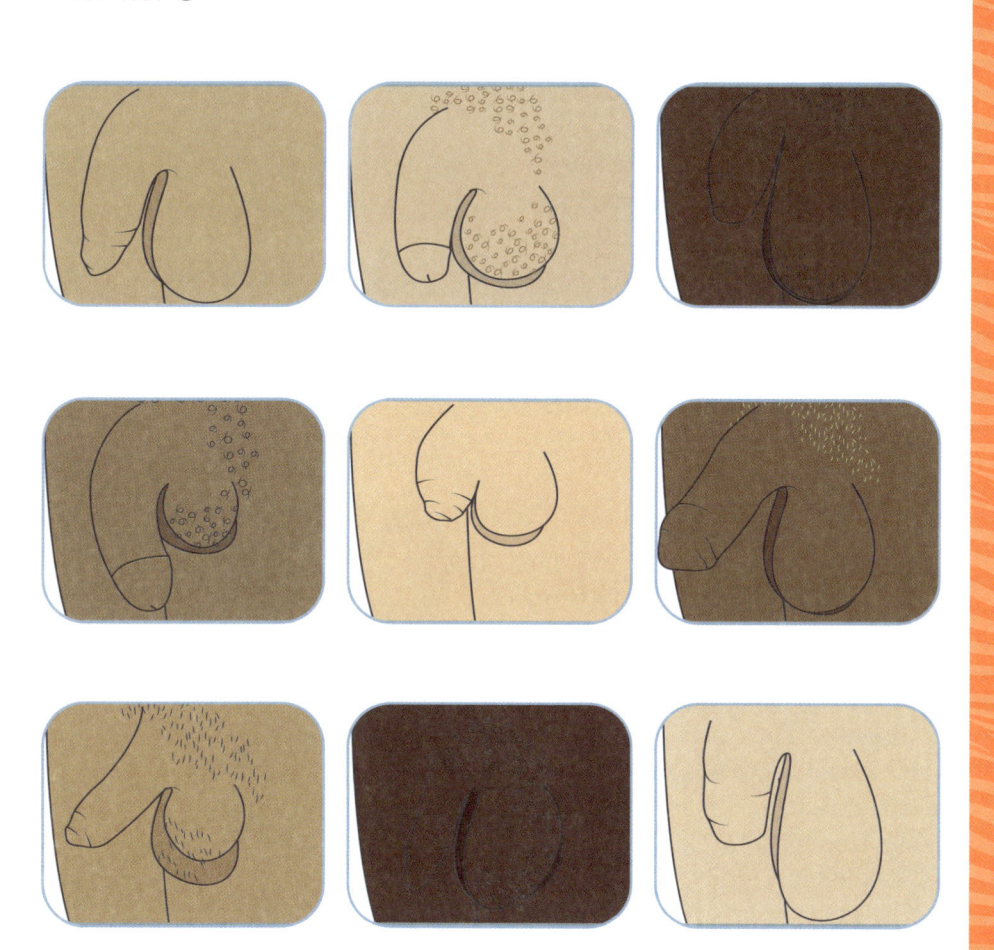

62

MEUS LÁBIOS INTERNOS SE SOBRESSAEM. O QUE DEVO FAZER?

Os lábios internos – que se desenvolvem durante a puberdade – têm por objetivo principal proteger a vagina e a uretra das bactérias exteriores. Também atuam nessa missão os pelos pubianos, que constituem uma barreira eficaz contra germes e infecções.

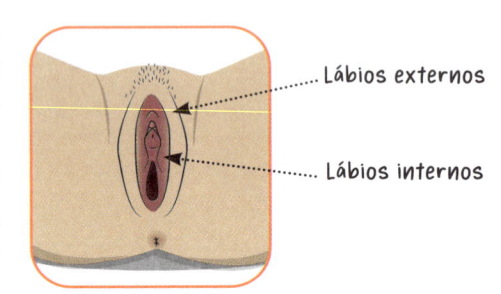

······· Lábios externos

······· Lábios internos

Não somente o tamanho dos lábios internos varia de uma pessoa para outra como também raramente eles são simétricos (como seus seios, suas mãos, seus pés...). Frequentemente eles se sobressaem aos lábios externos – eles levam a sério a missão de te proteger, e que ótimo!

VOCÊ SABIA?

É melhor não falarmos em "grandes" e "pequenos" lábios, e sim em lábios externos e internos. De fato, em muitas pessoas, os lábios internos são maiores que os externos. Sem complexos com isso!

Mesma missão para os lábios externos (proteger a vagina, a uretra e o clitóris), mesma assimetria e mesma diversidade anatômica!

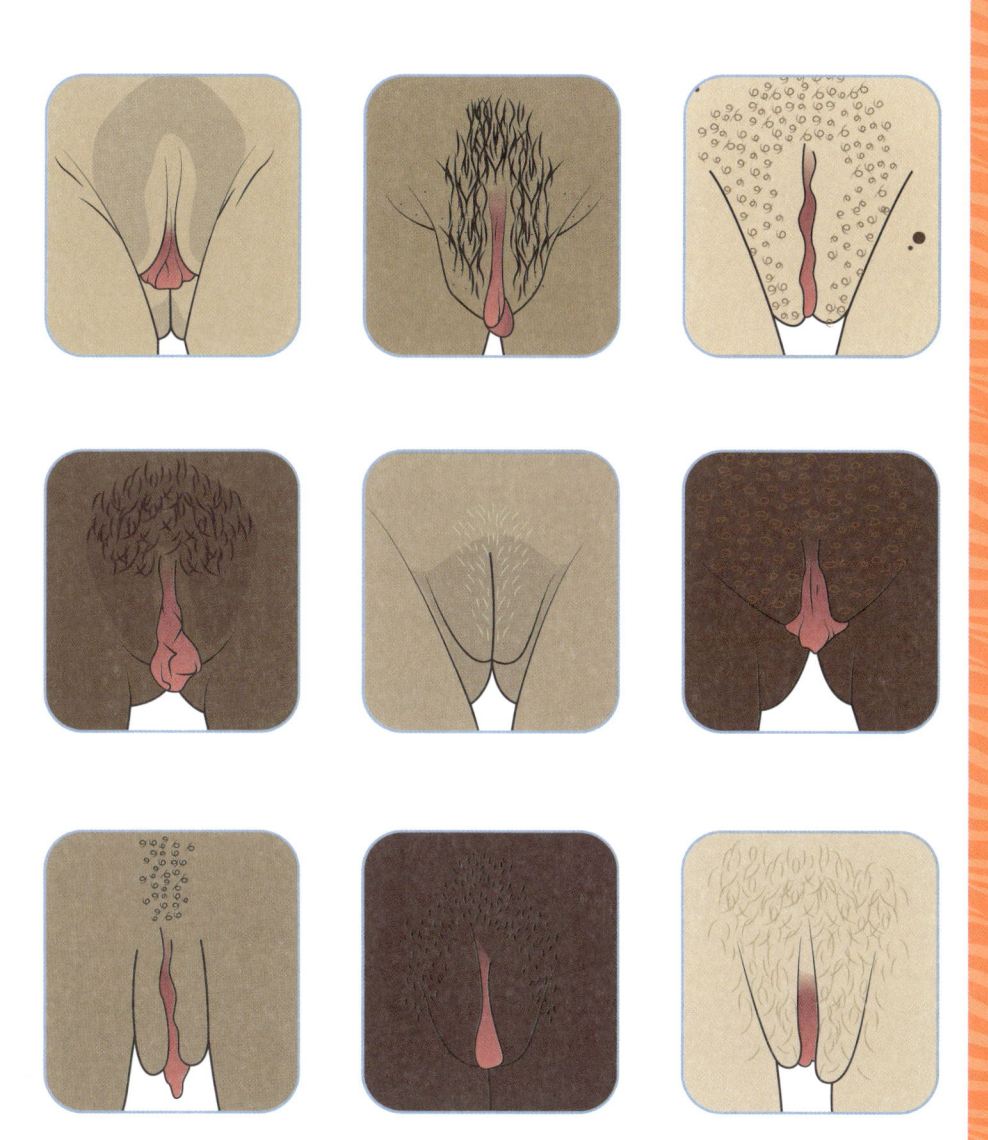

Capítulo 5
As primeiras emoções

Queridos pais ou responsáveis,

Relacionamento consigo mesmo e com os outros

Até agora, nós temos nos concentrado nas questões da criança em relação a ela mesma: seu corpo, sua intimidade, sua puberdade, sua autoestima.

A partir deste capítulo, nós vamos nos debruçar sobre as relações das crianças e adolescentes com os outros: à medida que a criança cresce, o desenvolvimento de suas capacidades cognitivas a deixa cada vez mais sensível para as interações sociais: amizade, camaradagem, relações de vizinhança... E por fim o amor. 😊

Aaaaah, o amor!

Mesmo nós, os adultos, às vezes temos dificuldades para definir o que é o amor e as diferentes formas que pode assumir. Então, como explicar a nossas crianças – sem colocar nossas próprias projeções, representações, medos, sonhos...?

Esse é o desafio que lançamos neste capítulo! (Espero que agrade a vocês!)

Respeitar a intimidade de seus filhos

Além disso, para este capítulo (assim como para os outros), é importante não projetar sobre a criança questionamentos adultos, tipo "Quem é seu namorado(a)? Vocês já se beijaram?".

Por outro lado, sua criança talvez esteja animada para ter resposta para algumas perguntas que a atormentam: como sabemos quando estamos apaixonados? Como podemos expressar isso? Como saber se alguém nos ama? Podemos amar quem quisermos?

Este capítulo tem como objetivo dar chaves para vocês acompanharem sua criança em seu percurso sentimental e emocional, respeitando sua intimidade e preservando a intimidade de vocês, pais.

Ao contrário dos aspectos anatômicos, que respondem a uma ciência objetiva, aqui há mais subjetividade nas linhas a seguir. ☺

O dicionário do amor

Ao fim deste capítulo, vocês encontrarão um pequeno dicionário do amor: não se apresse para lê-lo com sua criança. O mais importante é saber que esse pequeno dicionário está a sua disposição quando você e sua criança estiverem prontos.

Se você tem a impressão de que esse dicionário "cria" rótulos, é importante saber que, quando nomeamos as coisas, permitimos que elas existam – e que seus filhos ficarão aliviados de saber que seus sentimentos são válidos e legítimos.

Não tenham medo: tenham confiança em vocês e em sua criança!

Vocês vão ver, tudo vai ficar bem!

63

E O QUE É O AMOR?

O amor é um sentimento muito forte. Dar e receber amor é uma das emoções mais agradáveis que podemos viver.

Amar a si mesmo é um **SUPERPODER!**

Em primeiro lugar, há o amor que damos a nós mesmos. Como explicado na Pergunta 49, todos nós somos belas pessoas que merecem ser amadas.

Em seguida, há o amor que nos liga aos outros: aquele que damos para outras pessoas e que outras pessoas nos dão. Existem muitas formas de amor, por exemplo:

> **O amor** que liga você a seus pais ou a sua família (avós, irmãos, primos), que chamamos de **amor familiar**,

> **O amor** que liga você a seus amigos ou colegas da escola, que chamamos de **amizade**,

> **O amor** que liga você a seu animal de estimação, que chamamos de **afeto**,

> **O amor** que liga você a seus brinquedos e bichos de pelúcia, que chamamos de **apego**.

Na verdade, existem tantas formas de amor quanto existem pessoas (ou seres) que são importantes para você e para quem você é importante. Do mesmo modo, pode acontecer de uma amizade desaparecer para dar lugar a outra, e isso é normal.

Ainda, existe o estar apaixonado. ☺ Isso é um pouco diferente do amor geral. Explico isso na próxima questão.

64 — COMO SABER SE ESTAMOS APAIXONADOS?

Dizemos que estamos **apaixonados** quando nos sentimos atraídos por uma pessoa e temos muito prazer em vê-la.

Nem sempre é fácil distinguir entre estar apaixonado e as outras formas de amor (amizade, afeto, apego). Além disso, cada pessoa tem uma maneira muito particular de viver uma situação amorosa. Algumas demonstram facilmente, outras são tímidas ou pudicas.

Preparamos um pequeno teste para ajudar você a enxergar mais claramente seus sentimentos:

- [ ] Você sente borboletas no estômago quando pensa nessa pessoa?
- [ ] Quando a pessoa não está, você sente a falta dela?
- [ ] Você gosta de preparar presentinhos ou cartinhas para essa pessoa?
- [ ] Você sente vontade de falar com essa pessoa o tempo todo?
- [ ] Você tem vontade de dizer "eu te amo" para essa pessoa?
- [ ] Você gostaria de pegar na mão dessa pessoa ou abraçá-la?
- [ ] Quando essa pessoa conversa com outras, você sente ciúme?
- [ ] Você gostaria de viajar de férias com essa pessoa?
- [ ] Quando briga com essa pessoa, você fica triste?
- [ ] Se alguém atacasse essa pessoa, você a defenderia?

Se você respondeu SIM em todas as 10 perguntas:

É bem provável que você esteja apaixonado por essa pessoa.

Se você respondeu SIM para 5 a 9 perguntas:

Essa pessoa é muito importante em sua vida. Pode ser que você esteja apaixonado, mas também pode ser amizade.

Se você respondeu SIM a menos que 5 perguntas:

É pouco provável que você esteja apaixonado.

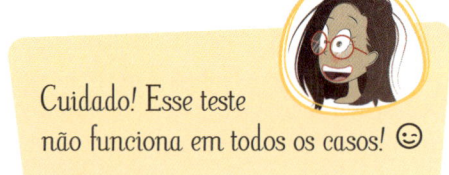

Cuidado! Esse teste não funciona em todos os casos! 😊

65 COMO POSSO DEMONSTRAR A ESSA PESSOA QUE ESTOU APAIXONADO?

Para demonstrar a uma pessoa que estamos apaixonados, o mais simples é dizer ou escrever a ela – se for mais fácil para você.

Na verdade, existem muitas maneiras de demonstrar seu amor por alguém: compartilhar seus gostos com ela, convidá-la para brincar em sua casa, oferecer presentes, escrever poemas para ela... Mas esses atos de amor podem ser confundidos com amizade: nada é tão claro como uma declaração de amor.

O mais importante no amor em geral e na paixão é sempre respeitar a si mesmo e à outra pessoa.

Respeitar a si mesmo quer dizer não fazer coisas para dar prazer ao outro sem que você esteja com vontade de fazer. A primeira pessoa que você deve respeitar é você mesmo.

Em seguida, é necessário respeitar a outra pessoa. Isso significa que somos livres para expressar nosso sentimento amoroso para outra pessoa, sempre respeitando sua intimidade e sem fazer nada que possa feri-la.

66 COMO PODEMOS SABER SE A OUTRA PESSOA NOS AMA?

Se você declarou seu amor a alguém (falando ou por escrito), aguarde a resposta. Às vezes precisamos de tempo para refletir sobre nossos sentimentos. O amor nem sempre acontece à primeira vista. Podemos nos apaixonar por alguém que conhecemos há bastante tempo e por uma pessoa por quem não sentíamos nada antes.

Há três possibilidades:

> **A pessoa não tem os mesmos sentimentos que você.**

Nesse caso, sem dúvida, você vai ficar triste e terá o coração partido. Chama-se decepção amorosa.

> **A pessoa não sabe se está apaixonada por você.**

Neste caso, dê a ela um tempo para refletir. Em se tratando de amor, não há urgência.

> **A pessoa está apaixonada por você.**

Neste caso, cabe a vocês inventarem o relacionamento que for mais conveniente.

Evidentemente, esses conselhos também se aplicam se alguém fizer uma declaração de amor para você. Você também pode expressar que não tem o mesmo sentimento (e causar uma decepção amorosa), pedir um tempo para pensar ou ainda responder que o amor é correspondido!

O AMOR DURA QUANTO TEMPO?

67

Na verdade, ninguém sabe quanto tempo dura o amor.

Pergunte para as pessoas ao seu redor há quanto tempo elas se amam. Você verá que às vezes o amor dura, às vezes não. Para que o amor entre duas pessoas permaneça vivo, é necessário alimentá-lo – mais ou menos como numa fogueira: se colocar lenha regularmente, você terá belas chamas que não se apagarão.

No amor, os pedaços de lenha que utilizamos são chamados de atos de amor.* São maneiras de expressar seu amor ao outro:

Palavras que valorizam
Por exemplo: "Como eu gosto de estar com você. Que alegria ter te conhecido. Estou muito orgulhoso de você".

Momentos de qualidade
Por exemplo: passar tempo juntos para conversar (presencialmente ou por telefone), fazer atividades juntos (cozinhar, brincar, fazer um esporte), encontrar amigos juntos...

Presentes
Não é preciso roubar nenhuma loja. 😊
Uma conchinha bonita, uma flor seca, uma criação artística ou poética serão igualmente comoventes, pois você terá usado seu tempo para pensar e confeccionar o presente!

Ajudar
Você pode oferecer à pessoa que ama companhia para ir a algum lugar, preparar um lanche para ela, ajudá-la no dever de casa ou preparar uma surpresa de aniversário.

Gestos de carinho e afeto
Respeitando a intimidade de cada pessoa e o seu consentimento, os gestos de carinho (segurar a mão, abraçar) também expressam seu desejo de se conectar com a pessoa e protegê-la.

---

* Gary Chapman, Les 5 langages de l'amour, éd. Farel. Publicado no Brasil sob o título As 5 linguagens do amor.

Apesar de todos esses atos de amor, pode acontecer de o amor acabar – como um fogo que se apaga. Quase sempre é um momento triste, e, se for preciso, converse com alguém de sua família ou algum amigo. Uma decepção amorosa não dura a vida toda: outras histórias de amor estão esperando por você. 🙂

68 SOMOS OBRIGADOS A TER UM RELACIONAMENTO AMOROSO?

Você tem todo o direito de não ter nenhum relacionamento amoroso – e ser feliz mesmo assim.

Os contos de fadas e os desenhos animados com frequência mostram personagens que procuram o amor e seu príncipe encantado. Todas essas histórias românticas nos fizeram crer que o segredo da felicidade está no amor e que é indispensável ser parte de um casal.

Isso está bem longe de ser verdade para todo mundo: cada pessoa encontra sua felicidade de modo diferente. Você pode ser feliz sem uma relação amorosa, só com você mesmo, seus amigos, seus animais de estimação, ou com lugares que lhe façam bem!

VOCÊ SABIA?

Você também pode ter uma relação amorosa e não ter vontade de falar sobre isso.

69 É POSSÍVEL AMAR VÁRIAS PESSOAS AO MESMO TEMPO?

Da mesma forma que não somos obrigados a ter uma relação amorosa, podemos ter sentimentos amorosos por várias pessoas ao mesmo tempo. Às vezes o amor é correspondido, às vezes não.

E você, quantas relações amorosas tem?

Eu tenho uma..

Eu tenho duas namoradas e um namorado.

Eu não tenho namorado nem namorada.

70 POR QUE A PESSOA QUE EU NAMORO NÃO QUER QUE EU TENHA OUTRO RELACIONAMENTO?

Às vezes, quando se está apaixonado, temos o desejo de guardar a pessoa amada somente para nós. Na verdade, temos medo de que essa pessoa se interesse por outros e nos abandone. Esse medo de perder a pessoa chama-se **ciúme**.

Se o seu amor não quer que você tenha outros relacionamentos, é provável que ele (ou ela) seja ciumento(a).

O ciúme é um sentimento que acontece também fora de relacionamentos amorosos: podemos ter ciúme na amizade (por exemplo, quando um amigo está sempre com outra pessoa), ou em família (por exemplo, quando um primo ganha um belo brinquedo que gostaríamos de ter).

Em relacionamentos amorosos, o ciúme é uma emoção complicada. Se você ama várias pessoas e uma delas é ciumenta, é importante conversar com ela. Reafirme seus sentimentos e o amor que sente por ela.

O amor é sempre complicado assim?

Se a conversa não for suficiente, talvez você deva escolher entre amar unicamente essa pessoa ou renunciar a esse amor para viver outros.

71 É POSSÍVEL QUE NINGUÉM ME AME PELO QUE SOU?

Lembre-se sempre de que você é único! Sua personalidade, suas qualidades, sua história: tudo isso faz de você uma pessoa diferente das outras. Às vezes temos a impressão de estarmos fora do prumo, e de que somente nós não temos um relacionamento.

Na verdade, **cada pessoa evolui no seu ritmo**. À medida que cresce, você encontrará cada vez mais pessoas que se parecem com você, com as quais você poderá compartilhar paixões e interesses comuns. Você poderá ter relações de amizade, de afeto ou de amor maravilhosas.

Nada de pânico: você é uma pessoa especial e tem toda a vida pela frente para encontrar outras pessoas especiais que o amarão como você é! ☺

72 EU POSSO AMAR MENINOS E MENINAS?

Você tem o direito de amar uma pessoa, independentemente do gênero dela. Você tem até o direito de amar pessoas de gêneros diferentes. Então, SIM, você pode amar meninos, meninas, pessoas não binárias...

UH LA LA!!! Estou te ajudando a entender melhor? Vire a página. ⟶

73 PEQUENO DICIONÁRIO DO AMOR

Não é nada fácil definir as diferentes formas de amor – além disso, não queremos necessariamente criar rótulos. No entanto, algumas palavras podem ajudar você a ter uma melhor compreensão de si mesmo e dos outros.

Arromântico : Pessoa que não conhece o sentimento amoroso e que não se incomoda nem tem necessidade de desenvolver ligações de natureza sentimental.

Assexuado(a): : Pessoa que não sente atração sexual, mas isso não a impede de ter sentimentos ou ternura.

Bissexual : Pessoa que se sente atraída por pessoas do mesmo gênero que ela e por um ou mais gêneros diferentes do seu.

Gay : Palavra de origem inglesa que denomina os homens que se sentem atraídos por outros homens. Às vezes a palavra é utilizada também para designar mulheres homossexuais.

Heterossexuais : Pessoas que se sentem atraídas por outras de gênero oposto.

Homossexuais : Pessoas que se sentem atraídas por outras do mesmo gênero.

Lésbicas : Mulheres que se sentem atraídas por outras mulheres.

Para mais informações sobre pessoas transgênero, retorne à **Pergunta 12**. Para mais informações sobre pessoas intersexo, retorne à **Pergunta 11**.

LGBTQIA+ : Acrônimo (sigla que vem de um conjunto de palavras) que significa Lésbicas, Gays, Bissexuais, Transgênero, Queers, Intersexo (o A, segundo associações ou a comunidade, pode representar pessoas assexuadas, arromânticas, agênero). Algumas pessoas usam apenas LGBT ou LGBTQ+.

Panromântico(a) : Pessoa que pode desenvolver sentimentos por todos os seres humanos, de qualquer gênero.

Pansexual : Pessoa que tem atração por todo ser humano, de qualquer gênero.

Poliamoroso(a) : Pessoa que tem sentimentos amorosos por várias pessoas ao mesmo tempo.

VOCÊ SABIA?

Algumas pessoas julgam a vida amorosa e sexual de quem que não é heterossexual e utilizam insultos homofóbicos ("bicha" ou "sapatão", por exemplo). Insultar ou ameaçar as pessoas não heterossexuais tem nome, é "homofobia" e configura crime punido por lei.

Lembre-se de que sua orientação sexual, qualquer que seja, é VÁLIDA e LEGÍTIMA. Você tem o direito de amar e de se sentir atraído por quem você quiser.

COMO VOCÊ ESCOLHEU SEU AMOR?

No amor, não há regras: eu não escolhi meu amor porque ele preencheu certos parâmetros. Eu o escolhi porque era uma boa pessoa para mim. Isso quer dizer que, se estou com ele ou ela, me sinto uma pessoa melhor.

QUANDO ESTAMOS APAIXONADOS, DEVEMOS NOS CASAR?

Quando duas pessoas se amam, elas podem decidir formar um casal. É uma maneira de dizer ao mundo: "Este é o meu amor e nós compartilhamos uma ligação única".

Entre os adultos, essa ligação única tem diferentes formas:

- Morar junto.

- Se casar ou estabelecer uma união estável.

- Criar uma família (ter filhos, por exemplo).

- Adotar juntos um animal.

- Realizar juntos um projeto (por exemplo, um mochilão pelo mundo) ou profissional (abrir um restaurante) etc.

Então, mesmo que encontremos a pessoa "certa", o casamento não é obrigatório. Cada casal escolhe a maneira mais conveniente de viver e se comprometer. Ninguém que esteja de fora pode julgar sua escolha.

O mais importante é que, dentro do casal, as duas pessoas possam se expressar livremente e fazer acordos sobre elementos essenciais para sua vida a dois.

76 POR QUE OS OUTROS ESTÃO EM UM CASAL E EU NÃO?

Obrigada por essa pergunta, pois ela exprime bem a pressão que sentimos para fazer igual aos outros! Como se ter uma relação amorosa pudesse nos validar como pessoas "legais" ou dignas de amor. Como se existisse uma competição para estar em um casal.

Isso deriva de ideias preconcebidas, que podem se resumir assim:

● Os relacionamentos amorosos são superiores a todos os outros.

● A felicidade só é encontrada no amor.

● É "necessário" ser parte de um casal para ser inteiro e se alegrar plenamente.

● Se você está em um casal, você é legal!

É evidente que todas essas frases são falsas! Mas como crescemos com os contos de fadas e outras histórias românticas que reforçam essas ideias, é difícil desapegar delas.

Então, saiba que:

● Seu valor não está no fato de ser parte de um casal.

● Cada pessoa evolui no seu ritmo: ninguém tem o direito de pressionar você para ser um casal. Também não pressione os outros!

● Ser parte de um casal não é obrigação em nenhum momento da vida!

● A felicidade é, antes de tudo, estar bem, sentir-se preenchido e feliz com as escolhas que você fizer por você e não pelos outros. ☺

Enfim, lembre-se de que você é um casal com a pessoa mais importante do mundo: você mesmo! Você não precisa de ninguém para te validar, ser legal ou inteiro. Então, tome conta de você: ninguém poderá substituir ou tirar o amor que você dá a si mesmo!

Capítulo 6
O consentimento

Queridos pais ou responsáveis,

Falar de consentimento com as crianças, que ideia engraçada!

Não, não saiam correndo: tenho algo importante a dizer. 😊

O consentimento não é apenas sexual.

No Capítulo 2 (A intimidade), a criança tomou conhecimento do direito de defender o acesso a seu corpo, seu território, sua intimidade (por exemplo, beijos não solicitados, gestos invasivos), e aprendeu que ninguém pode ter acesso a seu corpo sem o consentimento dela.

Neste capítulo, vamos mais longe: o objetivo é dar ferramentas para sua criança impor seu consentimento.

De maneira recíproca, essas mesmas ferramentas a ajudarão a respeitar a intimidade dos outros. Isso se traduz em perguntar antes de dar um beijo, pegar na mão, abraçar etc. Em outras palavras: tornar-se consciente e respeitoso sobre o consentimento do outro. Essa aprendizagem é essencial para sua vida de criança e para sua vida futura de adulto.

> "Respeitar os outros torna você uma bela pessoa", esta é a mensagem principal deste capítulo!

Sim, eu também tenho medo.

Além disso, eu preciso confessar uma coisa, entre pais.

Por muito tempo eu procurei uma maneira leve de contar o que vou contar.

E adivinhe: ⟶ Não encontrei!

Às vezes tenho medo pelos meus três filhos. Tenho medo de não saber protegê-los da violência do mundo. Tenho ainda mais medo porque li muito sobre violência sexual e conheço as estatísticas.

As crianças são as principais vítimas da violência sexual: cerca de 1 menina em cada 5 e 1 menino em cada 13 são vítimas desse tipo de violência; 81% dos casos ocorrem antes dos 18 anos, 51% antes dos 11 anos e 21% antes dos 6 anos.*

> O único modo que encontrei de proteger meus filhos é por meio da educação e da comunicação adequadas.

Existem ferramentas, que vou ensinar neste capítulo, para prevenir a violência sexual a fim de que nossas crianças não sejam agredidas nem sejam agressoras.

Infelizmente não podemos educar e/ou proteger nossas crianças 100% do tempo. Então, vamos tentar escutá-las para oferecer a elas um espaço seguro, no qual possam se sentir livres para falar.

Aviso importante

Leia este capítulo quando se sentir à vontade para fazê-lo, quando se sentir pronto.

É possível que este capítulo traga lembranças traumáticas. Se isso acontecer, recomendamos que você seja acompanhado por alguém competente e acolhedor. Antes de cuidar bem de seu filho, cuide bem de você.

Como prometido, continuo ao seu lado e vamos passo a passo.

---

*Fontes: CSF 2008; ONDRP 2012-2017; VIRAGE 2017; OMS 2014; IVSEA 2015.

POR QUE NÃO POSSO BEIJAR QUEM EU DESEJO, JÁ QUE ESTOU APAIXONADO?

Da mesma forma que seu corpo é

SEU território,

SUA intimidade,

o corpo do outro é

território **DELE**.

a intimidade é **DELE**.

Está fora de cogitação entrar no território dos outros sem pedir permissão.

Portanto, se você quer beijar, segurar na mão ou abraçar alguém... você deve perguntar antes se a pessoa está de acordo.

VOCÊ SABIA?

Existem maneiras de expressar seu amor e respeitar a intimidade dos outros, por exemplo, fazer um coração com as mãos, escrever um pequeno poema...

78 COMO SABER SE UMA PESSOA ACEITA SER ABRAÇADA?

Muito obrigada por essa pergunta tão importante! O que se segue, você vai utilizar por toda a vida. 😊

Pedir permissão a uma pessoa – dizemos também "pedir seu **CONSENTIMENTO**" – antes de beijá-la, abraçá-la ou pegar na mão dela é uma tarefa OBRIGATÓRIA! Isto demonstra que você respeita essa pessoa. E respeitar os outros faz de você uma bela pessoa.

Há perguntas simples que você pode fazer para pedir o consentimento de uma pessoa:

Estou com vontade de te abraçar. Você está de acordo?

Você quer que eu te abrace?

Posso te dar um beijo?

Você quer que eu te faça um carinho?

Podemos ficar de mãos dadas?

É a resposta que você receber que vai lhe permitir saber se a pessoa está de acordo. Quando ela está de acordo, dizemos que ela dá seu CONSENTIMENTO.

🔴 Se a pessoa responde **SIM** à sua pergunta, com alegria e sem hesitação, então ela lhe deu consentimento. ✅

🔴 Com todas as outras respostas, por exemplo, **Sim, mas** **Talvez** **Eu não sei** **Não**, a pessoa não lhe deu consentimento! ⛔

🔴 Se a pessoa não responde, se esconde ou foge, ela não lhe deu consentimento! ⛔

🔴 Se a pessoa diz **SIM** poque você insistiu muito (e durante muito tempo), ela também não lhe deu consentimento! ⛔

79

SE UMA PESSOA ME DÁ CONSENTIMENTO PARA BEIJÁ-LA, ESSE CONSENTIMENTO É PARA SEMPRE?

DE JEITO NENHUM! Existem regras importantes sobre consentimento. Seguem quatro delas:

1. O consentimento deve ser pedido sempre:

Quando uma pessoa concorda em ser beijada na segunda-feira, não quer dizer que ela estará de acordo na terça. Se você quer beijá-la novamente, deve solicitar um consentimento na terça (e nos dias seguintes 😊).

2. O consentimento é específico:

Se uma pessoa permite que você segure a mão dela, isso não quer dizer que ela concorda com um beijo!

3. Ser um casal não significa que há consentimento:

Mesmo que seja sua namorada ou seu namorado, você deve perguntar ao outro antes de segurar sua mão ou lhe dar um beijo!

4. Temos o direito de mudar de ideia a todo momento:

Podemos dar um consentimento e depois retirá-lo. É normal mudar de ideia!

Como você viu, o consentimento é muito importante, pois é uma questão de respeito. E todas as relações humanas (amorosas, de amizade, escolares, familiares...) são construídas com respeito.

80

COMO POSSO DIZER AO MEU NAMORADO OU À MINHA NAMORADA QUE EU NÃO QUERO QUE ELE OU ELA ME ACARICIE?

Seu namorado/sua namorada, como todas as pessoas, deve sempre pedir seu consentimento antes de lhe beijar ou acariciar, segurar sua mão ou qualquer outro contato físico.

Você tem todo o direito de:

→ não querer beijos ou carícias;

→ não querer beijos ou carícias em frente a outras pessoas – isso se chama pudor e está tudo bem em ser pudico;

→ não gostar de beijos ou carícias (e mesmo assim estar apaixonado);

→ ter vontade de carícias ou beijos em alguns dias, e noutros não.

É importante que, a todo momento, você se sinta livre para dar, recusar ou retirar seu consentimento. Você não precisa ficar aflito nem se sentir culpado por recusar um contato físico: SEU corpo, SUAS escolhas!

Veja aqui algumas formas simples de recusar com gentileza:

Eu te amo muito, mas não quero carícias.

Eu prefiro que não nos beijemos.

Se a pessoa que está na sua frente (seu namorado/sua namorada ou outra pessoa) não respeita sua escolha e acaricia você mesmo que você expresse claramente sua recusa, isso não é normal! Avise o quanto antes um adulto de sua confiança.

81

O QUE FAZER SE ALGUÉM ME BEIJAR OU ACARICIAR SEM ME PERGUNTAR?

Nenhuma pessoa (adulto ou criança) tem o direito de acariciar ou beijar você SEM SEU CONSENTIMENTO.

De forma mais abrangente:

> Ninguém tem o direito de tocar seu corpo sem seu consentimento.

Há duas exceções a essa regra – poderão tocar em você:

● **Para sua segurança**

Por exemplo, se você estiver atravessando a rua e um caminhão vier rapidamente, seus pais (ou outra pessoa) podem lhe segurar pelo braço e lhe puxar para a calçada.

● **Para sua saúde**

Por exemplo, se você estiver no hospital, porque sofreu um acidente ou está doente, a equipe de saúde multiprofissional ou seus pais poderão intervir e tocar em você para ajudar no seu tratamento.

VOCÊ SABIA?

Se uma pessoa, adulta ou criança, não pede seu consentimento antes de um contato físico (toque, abraço, carícia ou beijo), isso não é normal! Avise imediatamente um adulto de confiança!

82 EU NÃO GOSTO QUANDO ALGUÉM MOSTRA SEU SEXO NO BANHEIRO DA ESCOLA.

Você tem o direito não querer olhar para o corpo ou determinadas partes do corpo das outras pessoas: a isso se denomina "ser pudico".

As outras pessoas não devem mostrar suas partes íntimas sem pedir seu consentimento.

Respeitar seu pudor faz parte do consentimento!

Se um colega de escola mostra o sexo dele sem que você queira ver, coloque limites ("Eu não quero ver seu sexo!") e peça a essa pessoa para respeitar sua intimidade e seu pudor. Se isso não for suficiente, avise um adulto de confiança.

Para rever sobre o pudor, volte às Perguntas 17 e 18.

83 UMA CRIANÇA PODE TROCAR CARÍCIAS SEXUAIS COM UM ADULTO?

Existem leis para proteger as crianças. Algumas delas dizem respeito às "carícias sexuais" (denominadas "relações sexuais") – entre crianças e adultos.

● Se a criança tem menos de 14 anos, a lei diz que nenhum adulto **tem o direito** de ter relações sexuais com ela. Esse ato configura crime, punido por lei com prisão e uma multa elevada.

Para adolescentes de 14 a 18 anos, a lei muda:

● Se o adolescente consente, ele pode ter relações com um adulto, exceto se o adulto for um dos seus ascendentes (pai, avô etc.) ou tiver alguma autoridade sobre o adolescente (padrasto, professor, técnico esportivo).

● Se um adulto propuser a você uma relação sexual ou pedir fotos suas, pessoalmente ou na internet, avise imediatamente seus pais ou um adulto de confiança. Isso não é normal!

No Brasil, devemos ligar para o telefone 181 se precisarmos fazer uma denúncia de violência sexual.

84 QUANDO SOMOS ADULTOS E FAZEMOS PARTE DE UM CASAL, SOMOS OBRIGADOS A FAZER AMOR?

Ser parte de um casal não obriga ninguém a fazer amor. Para poder fazer amor, é necessário que as duas pessoas deem consentimento, isto é, que as duas digam um grande SIM de maneira alegre e entusiasmada.

Em seguida, cada casal tem sua própria intimidade, sua própria cumplicidade: fazer amor é apenas uma das maneiras de dois amantes se conectarem.

O casal também pode fazer massagens um no outro, tomar banho juntos, escrever poemas um para o outro, brincar de fazer cócegas, realizar um projeto profissional, artístico ou comunitário juntos, ir a concertos, ao cinema ou ao teatro, cozinhar juntos ou ir a um restaurante...

Para relembrar sobre consentimento, retorne às Perguntas 77 e 78.

VOCÊ SABIA?

Alguns casais fazem amor com frequência, outros menos e alguns não fazem. Além disso, o ritmo muda ao longo da vida. O mais importante é encontrar um equilíbrio para o casal, para que ambos fiquem felizes. ☺

85 O MEU NAMORADO OU NAMORADA QUER QUE A GENTE SE VEJA O TEMPO TODO. SERÁ QUE DEVO ME ESFORÇAR PARA ISSO?

Mesmo em um relacionamento amoroso, a primeira pessoa a ser respeitada é você mesmo! Então, antes de dar prazer a outra pessoa, o mais importante é escutar a si mesmo!

Você tem o direito de querer passar seu tempo com seus amigos, sua família ou consigo mesmo em vez de estar com seu amor. O que não significa que você não o ame: quer dizer apenas que você encontra seu equilíbrio em diferentes coisas/pessoas, e que sua vida não se resume ao seu relacionamento. ☺

Lembre-se de que fazer parte de um casal ou estar apaixonado **não significa**:

🔴 ser obrigado a se ver o tempo todo;

🔴 ser obrigado a se abraçar e se acariciar;

🔴 ser obrigado a contar tudo ao outro;

🔴 ser obrigado a fazer tudo o que o outro quer!

O respeito a sua intimidade e a seu consentimento se aplica mesmo quando você faz parte de um casal, a cada instante. Logo, se seu amor deseja ver você, ele deve pedir seu consentimento antes (e você tem todo o direito de dizer não ☺).

> Mozinho ❤❤
>
> Benzinho, está livre hoje à tarde?
>
> SIM!
>
> Podemos nos ver?
>
> NÃO! Eu planejei passar um tempo sozinho ☺; te amo, nos vemos amanhã na escola.
>
> Ok, você faz bem ❤
>
> Te amo, até amanhã.

86 EU SOU OBRIGADO A CONTAR TUDO QUE FAÇO OU A MOSTRAR MEU CELULAR AO MEU NAMORADO(A)?

Mais uma vez, ninguém pode obrigar você a fazer coisa alguma – mesmo seu namorado(a)! Se essa pessoa exige de você coisas que não respeitam sua intimidade, é um sinal de alerta para você.

É possível que uma boa conversa permita a você expressar que algo está errado: se for a pessoa certa para você, ela vai escutá-lo e vocês encontrarão juntos um equilíbrio respeitoso entre os dois.

Enfim, se na sua relação:

● você se sente pressionado a fazer coisas que não tem vontade;

● você tem medo de expressar seus desejos e seus limites (por receio de ferir a outra pessoa ou de que ela lhe deixe);

● você não sente que seu namorado(a) respeita seus limites;

● seu namorado(a) repetidamente diz ou faz coisas que ferem você, ou fala mal de você para outras pessoas;

● seu namorado(a) não o escuta...

Procure rapidamente um adulto de confiança!

De fato, é possível que você esteja num relacionamento "tóxico": uma relação na qual uma das pessoas (ou ambas) se sente frequentemente mal ou em sofrimento.

Quando estamos em um relacionamento tóxico, pode ser difícil ter consciência disso e sair dele. Portanto, não hesite em pedir ajuda! Isso não faz de você uma pessoa fraca, mas uma pessoa forte que luta para encontrar a dignidade, o respeito e a liberdade!

Capítulo 7
Amor, sexo e prazer

Queridos pais ou responsáveis,

Sim, este capítulo se chama "AMOR, SEXO e PRAZER".

Nossa, que estranho, não tem ninguém mais aqui! Vocês desapareceram? 😊

Não entrem em pânico!

Não se trata de contar à criança o que se passa na sua vida íntima, nem de ensiná-la a administrar a dela.

Quando seus filhos conversam com vocês sobre "sexo" ou "amor", lembre-se de que eles já têm uma ideia do assunto, e buscam uma confirmação. Ou, ainda, eles ouviram falar de algo (por exemplo, no recreio da escola), com muitas informações nas entrelinhas, e eles se perguntam do que se trata esse grande segredo, do qual se fala com palavras escondidas e que parece – paradoxalmente – tão importante de conhecer!

Uma representação que evolui à medida que a criança cresce

Estima-se que a partir dos 2 a 3 anos a criança compreende que existe uma relação privilegiada entre seus pais, que explica por que eles se beijam na boca, comportamento ao qual ela não tem direito: são carícias amorosas.

A partir dos 5 a 6 anos mais ou menos, a representação do amor muda: as crianças podem visualizar dois corpos nus entrelaçados. Em seguida, à medida que elas se aproximam da adolescência, as representações técnicas vêm se juntar a essa primeira imagem.

Então, a primeira coisa a fazer quando seu filho perguntar o que significa "fazer amor" ou "o que é o sexo" é devolver a pergunta: "E você, o que sabe sobre isso?".

Espere que eles digam que é nojento!

Essa primeira pergunta permitirá a vocês avaliar o nível de informação que seu filho já tem, bem como a maturidade dele sobre o assunto. Vocês poderão então adaptar melhor seu discurso e o nível de detalhe e de informação para dar a seu filho.

Numa segunda oportunidade, vocês poderão sugerir uma leitura conjunta deste capítulo, que aborda, de modo evolutivo, as noções de amor e de sexo – da maneira mais respeitosa possível, sempre rebatendo as falsas informações ou rumores que possam comprometer o desenvolvimento psicoafetivo de seus filhos.

Ultrapassar nossos medos

Os pais expressam alguns medos que muitas vezes os impedem de falar sobre sexualidade com as crianças e adolescentes. Proponho a vocês listar esses medos para avaliar como resolvê-los.

✓ **O primeiro medo é o seguinte: se falamos sobre sexualidade com a criança, ela vai ter vontade de experimentar!**

Contra esse medo, dezenas de estudos realizados em todos os continentes (ver os princípios da UNESCO)* demonstram que, quanto mais os pais conversam sobre a sexualidade com seus filhos, mais o início da vida sexual deles é tardia. Na verdade, quanto mais se fala de um assunto, menos as crianças são tentadas a descobri-lo sozinhas, por meio de comportamentos de risco.

Por outro lado, os mesmos estudos mostram que, quanto mais as crianças e adolescentes falam com seus pais sobre sexualidade, menos eles são expostos a infecções sexualmente transmissíveis (IST), gestações precoces (não desejadas) e agressões sexuais.

Em poucas palavras:

> Falar sobre sexualidade com as crianças e os adolescentes significa protegê-los !

Este capítulo enfatiza também que existe uma idade legal de maioridade sexual (a partir dos 14 anos). Essa idade não é fixada ao acaso: para fazer amor, é necessário ter vontade, ter desejo sexual. E esse desejo é provocado pelos hormônios sexuais que surgem na puberdade. Considera-se que antes de 14 anos a criança não tem condição de consentir legalmente para uma relação sexual.

---

* Ver fontes na p. 183.

✓ O segundo medo mencionado pelos pais é o de falarem demais: se falarmos, o que sobrará para os filhos descobrirem?

Esse medo é fácil de entender. Como dito anteriormente, para evitar falar demais ou dar respostas não adequadas a seu filho, comecem sempre devolvendo para ele as perguntas que ele faz para avaliar sua maturidade as informações que já tem sobre o assunto.

Este livro foi concebido de maneira evolutiva, avaliado por médicos, psiquiatras infantis e psicólogos, e apresenta uma abordagem ideal.

Por fim, acredito que não se deve confundir a sexualidade com uma série de TV: nenhuma informação que você soltar vai estragar sua experiência; se eu lhes explicar como correr uma maratona sem se machucar, como cozinhar um saboroso risoto ou como cuidar do seu jardim para que as flores desabrochem, vocês teriam a impressão de que arruinei sua experiência?

É assim que funciona com a sexualidade!

Uma informação saudável e inclusiva, adaptada à maturidade psicoemocional da criança, não prejudicará sua própria exploração – que ocorrerá no tempo adequado. A informação adequada permitirá simplesmente explorar em segurança, conhecendo meios de se proteger e de proteger os outros.

✓ O terceiro medo que os pais manifestam está relacionado à pornografia online.

Esse medo é cada vez maior, pois as telas (sobretudo as dos *smartphones*) estão em todos os lugares, e cada vez mais as crianças menores têm acesso a elas, desde a educação infantil.

Para diminuir esse medo, proponho uma questão aos pais. Na sua opinião, se seu filho tem dúvidas sobre sexualidade e os pais se fecham para o assunto, onde eles vão procurar respostas?

⟶ Com seus colegas e... na internet!

A melhor maneira de evitar que seus filhos vão atrás de informações na internet (se digitarem "sexo" na internet, já podemos imaginar em que tipo de site eles vão chegar...) é sem dúvida por meio de conversas sadias e inteligentes sobre sexualidade. Essa atitude vai colocar vocês, pais, como adultos de confiança, a quem seu filho/sua filha poderá perguntar sobre o assunto.

Por fim, a pornografia também é abordada neste capítulo, pois a primeira procura sobre esse assunto ocorre por volta dos 12 anos. Metade das crianças já viu algo pornográfico antes dessa idade, por isso é muito melhor falar com os filhos em vez de criar um tabu!

✓ **O quarto medo é o de desvendar a intimidade parental.**

Isso não está em questão! Há uma grande diferença entre falar de sexualidade e falar da SUA sexualidade. O que acontece no quarto dos pais só interessa aos pais. E vocês devem preservar seus filhos, não os expor ao que não diz respeito a eles.

Se seus filhos perguntarem algo sobre sua vida sexual ou conjugal, não hesitem em responder: "esta é minha intimidade, não quero falar sobre isso". Assim vocês demonstrarão a eles como preservar sua própria intimidade.

✓ **O quinto medo é o de se intrometer na intimidade dos filhos.**

Da mesma forma que não devem deixar seus filhos invadirem a intimidade deles, os pais também devem respeitar a intimidade dos filhos. Perguntas invasivas não são permitidas.

Se seus filhos se abrirem com vocês sobre assuntos íntimos (sobretudo questões de saúde), simplesmente pergunte se estão confortáveis para falar sobre isso, e lembre-os de que não são obrigados.

Bom, será que consegui aplacar um pouco os seus medos? Vocês ainda têm dúvidas?

Não se preocupem: levarei vocês pelas mãos (se vocês consentirem 😊).

e vou acompanhá-los ao longo da viagem!

87 O QUE É FAZER AMOR?

Fazer amor é um momento de troca e intimidade entre duas pessoas adultas que deram consentimento uma à outra. Por exemplo, quando dois adultos se amam, eles frequentemente necessitam dizer isso por meio de palavras e gestos: é afetuoso e traz bastante prazer.

VOCÊ SABIA?

Para compreender o que é o amor, é indispensável se lembrar de que os seres humanos são animais sociais e táteis.

Desde o nascimento, os bebês reagem aos carinhos, às massagens, às pessoas que falam com eles, que sorriem para eles, que brincam com eles.

À medida que crescem, as crianças continuam a utilizar as palavras e os gestos para comunicar e exprimir sentimentos e emoções.

Quando somos crianças ou adolescentes e nos apaixonamos, há mil maneiras de exprimir amor à pessoa que amamos.

Para relembrar sobre o amor, retorne às Perguntas 63 e 64.

Nenhuma dessas maneiras é melhor que outras. O mais importante é que essas palavras e gestos sejam respeitosos para com a outra pessoa, e que seja um compartilhamento real.

Os adolescentes podem exprimir seu amor segurando a mão, abraçando ou dando beijos amorosos.

Os adultos têm ainda outras formas de expressar sua ternura ou amor. Uma dessas formas é "fazer amor", ou seja, ter relações sexuais.

88 VOCÊ FAZ AMOR?

Sim, faço – mas não posso lhe dizer mais porque a sexualidade dos pais é **íntima** : só interessa a nós – assim como a sua sexualidade só diz respeito a você.

Portanto, se você tiver dúvidas sobre a sua sexualidade mais adiante, estaremos aqui para escutar você, e faremos o nosso melhor para responder sem interferir na sua intimidade.

89 QUANDO PODEREI FAZER AMOR?

Existem leis que fixam a maioridade sexual a partir dos 14 anos. Antes dessa idade, considera-se que a criança e o adolescente não têm ainda conhecimento suficiente de si mesmos e dos outros para fazer amor com segurança nem para consentir com isso.

> Lembre-se também de que ninguém pode lhe obrigar a fazer amor: seu corpo só pertence a você, e é você que decidirá o que vai fazer! SEU CORPO, SUAS ESCOLHAS!

Lembre-se também de que ninguém pode lhe obrigar a fazer amor: seu corpo só pertence a você, e é você que decidirá o que vai fazer! SEU CORPO, SUAS ESCOLHAS!

A idade de 14 anos é um mínimo, não uma idade obrigatória. Algumas pessoas descobrem a sexualidade aos 14 anos, e outras a descobrem muito mais tarde. De fato, a sexualidade é uma questão muito pessoal: cada pessoa amadurece no seu próprio ritmo e não há regras!

Quando crescer, **você** decidirá quando estará pronto para fazer amor e com quem.

90 POSSO FAZER AMOR COMIGO MESMO?

A melhor pessoa para lhe dar prazer é... você mesmo!

Fazer amor consigo mesmo tem nome: chama-se masturbação.

Masturbar-se é normal. É um ato natural, praticado por todos os mamíferos, que permite a você conhecer e explorar seu corpo.

Masturbar-se é um encontro consigo mesmo. Não há nada de sujo nem repulsivo na masturbação.
Não tenha vergonha de se masturbar!

Não importa qual seja seu gênero ou seu sexo (tenha você um pênis ou uma vagina), você tem direito de se tocar e de se dar prazer. Você tem o direito de amar fazer isso.

A única coisa que importa quando você se masturbar é preservar sua intimidade e a dos outros. Assegure-se de estar em um lugar calmo, para não ser incomodado nem incomodar os outros.

Para relembrar este assunto, volte às **Perguntas 17 e 19**.

Às vezes, quando estamos apaixonados, temos vontade de beijar o outro o tempo todo, de abraçá-lo, ou ainda de fazer gestos de carinho – mesmo quando há pessoas ao redor. Às vezes deixamos nossos sentimentos transbordarem – OOOPS!

Se você não se sente à vontade com os carinhos que outras pessoas trocam em público, não hesite em educadamente avisá-las disso. Você tem direito à sua intimidade, e tem direito a ser pudico e de não querer estar exposto à intimidade dos outros. Tudo bem!

É possível que beijos e carícias sejam tão repulsivos para você que você tenha a impressão de que jamais fará isso . Isso significa que você ainda não está pronto. E está tudo bem: não há nenhuma urgência, cada um avança no seu ritmo. Além disso, enquanto não encontramos a pessoa que temos vontade de beijar ou acariciar, esses gestos podem parecer muito estranhos.

Por fim, lembre-se de que nem todo mundo gosta das mesmas coisas. Ninguém pode lhe obrigar a gostar de beijos (ou de outros gestos), e você não deverá ser julgado por isso. Da mesma forma, não julgue as outras pessoas pelos gestos que elas fazem e que não agradam a você. ☺

92 DOIS HOMENS OU DUAS MULHERES PODEM FAZER AMOR?

Não escolhemos por quem vamos nos apaixonar.

Então, qualquer que seja seu gênero, você tem direito de amar ou de ter sentimentos amorosos por todas as pessoas, independentemente do gênero.

Da mesma forma, "fazer amor" é possível entre duas pessoas, qualquer que seja seu gênero – contanto que as duas pessoas deem seu consentimento: por exemplo, duas moças ou dois rapazes podem perfeitamente fazer amor.

Para saber mais sobre esse assunto, retorne às Perguntas 72 e 73.

93 COMO FAZER PARA BEIJAR?

Desde que nascemos, recebemos beijos – e muito cedo aprendemos a beijar. Mas penso que sua pergunta é mais específica. 😊

Como dar um beijo de amor – particularmente pela primeira vez?

Se você acompanhou tudo até aqui, sabe que a primeira coisa a fazer é se assegurar de que a pessoa que você quer beijar concorda em receber um beijo de amor.

Para exprimir um sentimento de amor, o beijo geralmente é um beijo na boca. Você pode acariciar os lábios da pessoa com os seus, a língua dela com a sua, a língua dela com seus lábios etc. Ainda que isso assuste e tenha um ar técnico, saiba que não há manual de instruções para um beijo de amor. O mais difícil é começar. Quando estiver pronto, assim como a pessoa que você deseja beijar, tenha confiança e estejam atentos um ao outro.

Autorizem-se a explorar, a tentar, a se atrapalhar, a novamente tentar até encontrar uma maneira que dará muito prazer aos dois.

A beleza do beijo é que ele permite, no espaço de um instante, que os dois corpos se tornem um, dois corpos ligados pelas bocas que se beijam.

94 SE SAÍMOS JUNTOS, TENHO OBRIGAÇÃO DE BEIJAR A OUTRA PESSOA?

Cada pessoa e cada casal têm uma maneira diferente de estar "juntos".

Para alguns casais significa escrever cartas ou mensagens de amor, enquanto para outros quer dizer se sentar ao lado na aula ou na cantina, pegar na mão ou ir ao cinema juntos. Não existe nenhuma lei que diga que sair junto seja igual a se beijar. ☺

Por outro lado, algumas pessoas consideram que o beijo de língua representa um gesto muito íntimo, nojento até... enquanto para outros é um gesto comum!

Então, nada de se sentir forçado nem de forçar o outro a fazer o que quer que seja – nem quando saírem juntos nem quando estiverem namorando. É imprescindível estar atento aos seus desejos e limites, e comunicá-los ao seu parceiro, bem como respeitar o consentimento dele.

Mais informações sobre consentimento no Capítulo 5.

95 · O QUE QUER DIZER "TER RELAÇÕES SEXUAIS"?

Ter relações sexuais – também dizemos **fazer amor** – é compartilhar um momento de intimidade, cumplicidade e prazer com outra pessoa.

Para tanto, é necessário que as pessoas tenham consentido e já tenham atingido a idade mínima para isso (acima de 14 anos).

Como acontece?

Quando duas pessoas se desejam e querem ter relações sexuais, elas podem:

Trocar palavras carinhosas

Se beijar

Se tocar

Fazer carícias

Fazer massagem

Explorar o corpo da outra pessoa

As relações sexuais são, portanto, um momento em que se descobre o outro e seu corpo, um momento no qual nos revelamos e aprendemos a conhecer melhor o nosso próprio corpo.

Na maioria das vezes, as pessoas estão nuas na presença uma da outra – para aumentar a sensação de intimidade e para permitir ao outro o acesso ao nosso corpo. Nem sempre é simples mostrar nosso corpo nu e se revelar: cada um tem seu ritmo e suas técnicas para ficar à vontade (manter algumas peças de roupa, se esconder embaixo do lençol, baixar a luz, colocar música...).

96 A PARTIR DE QUE IDADE PODEMOS FAZER AMOR?

Como para muitas coisas na vida (primeiros dentes, primeiros passos...), cada um avança no seu ritmo. Isso também se aplica em matéria de amor e sexualidade.

A partir da maioridade sexual (no Brasil aos 14 anos), você poderá ter relações – se tiver vontade.

Quatorze anos é a idade mínima, não a idade obrigatória!

Algumas pessoas começam sua vida sexual aos 15 anos, outras aos 20 ou 25 anos e outras ainda mais tarde. 😊

O mais importante é se ouvir, esperar para se sentir pronto e escolher uma pessoa em quem você confie e com quem deseje compartilhar um momento de intimidade.

VOCÊ SABIA ?

Algumas vezes nos sentimos pressionados a ter relações sexuais (para sermos iguais aos colegas da escola ou porque temos a impressão de que daremos prazer à outra pessoa).

Lembre-se de que seu corpo lhe pertence: ninguém tem o direito de lhe forçar ou lhe pressionar para ter relações sexuais. O consentimento é a base de todas as relações humanas!

97 COMO FAZER AMOR?

Não há só uma, mas muitas maneiras de fazer amor. Cada vez que duas pessoas fazem amor, elas criam uma forma de se conectar – como uma nova dança íntima. **Seguem alguns exemplos de atos sexuais que se encaixam no que chamamos de "fazer amor":**

● **Beijos profundos:** os parceiros usam a boca para exprimir desejo;

● **Massagens sensuais:** os parceiros se massageiam mutuamente;

● **Carícias sexuais:** os parceiros usam as mãos para estimular as partes íntimas um do outro;

● **Sexo oral:** os parceiros utilizam a boca para estimular as partes íntimas um do outro;

● **Sexo com penetração:** os parceiros utilizam seu corpo ou brinquedos sexuais para penetrar as partes íntimas um do outro.

Fazer amor não obedece a regras – mas precisa haver respeito, consentimento e gentileza entre os parceiros. Não existe hierarquia nem ordem entre os diferentes atos sexuais. Por exemplo, o sexo com penetração não é obrigatório nem mais importante que os outros.

Ver
Capítulo 8
Os bebês.

VOCÊ SABIA?

Fazer amor não é fazer bebês. Da mesma forma que a reprodução é instintiva, fazer amor se aprende, se descobre, se experimenta e se adapta a cada pessoa com quem se compartilha esse belo momento.

98 É NORMAL ESTAR APAIXONADO E NÃO QUERER FAZER AMOR?

SIM! É importante fazer uma distinção entre os sentimentos (amorosos ou outros) que nutrimos por alguém e a atração sexual.

Por exemplo, é possível sentir uma forma de atração física ou sexual por uma pessoa, mesmo se não a conhecemos (por exemplo, por um ator ou uma cantora)! De modo semelhante, podemos nos apaixonar por alguém, achá-lo magnífico e não desejar ter contato íntimo ou sexual com essa pessoa.

Algumas pessoas têm pouca – ou até nenhuma – atração sexual por outras, mesmo quando estão num relacionamento amoroso: é a chamada assexualidade. Não é uma doença, nem um problema: é uma orientação sexual como as outras – veja o dicionário do amor na Pergunta 73.

Se você é uma pessoa assexual, não hesite em falar com seu parceiro, a fim de que juntos vocês encontrem formas de criar momentos de intimidade que tenham a sua cara.

COMO FAZEMOS PARA DAR PRAZER?

99

No dia a dia, o que lhe dá prazer?

Olhar uma bela paisagem ou um pôr do sol?

Escutar sua música preferida? **Sentir** um perfume gostoso?

Deliciar-se com uma comida que você adora? Receber uma **massagem** nas costas?

Seus cinco sentidos lhe permitem sentir prazer.

Você sabe nomeá-los?

É a mesma coisa quando fazemos amor. ☺

Para dar e receber prazer, é necessário descobrir estímulos (visão, tato, olfato, audição, paladar) que proporcionem prazer a nós e ao outro.

Por exemplo, podemos ter prazer ao ouvir palavras afetuosas, sentir a pele do outro, receber uma massagem ou carícia, provar o corpo do outro.

VOCÊ SABIA?

Cada pessoa tem um corpo diferente e é sensível a estímulos diferentes. O melhor é sempre perguntar ao parceiro do que ele gosta e explorar seu corpo com seu consentimento.

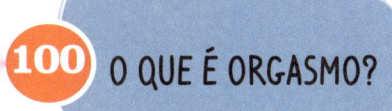

100 O QUE É ORGASMO?

O orgasmo é uma reação do corpo humano, que corresponde à liberação de um prazer intenso depois de uma fase de estimulação sexual.

Pode ocorrer quando fazemos amor ou quando nos masturbamos.

VOCÊ SABIA?

O orgasmo pode ocorrer inclusive quando estamos dormindo! Chama-se "orgasmo noturno" e ocorre geralmente durante a fase paradoxal do sono, quando dormimos profundamente e sonhamos. O corpo está em repouso, mas o cérebro está em atividade. Às vezes nos lembramos do sonho ao acordar, às vezes o orgasmo nos acorda – mas não sempre!

Os orgasmos são diferentes de uma pessoa para outra e diferentes entre si. Alguns são muito fortes, outros mais fracos. Alguns duram vários segundos, outros poucos. Alguns dão vontade de dormir, outros, ao contrário, dão um pico de energia.

Quando um orgasmo ocorre, com frequência se observam:

- contrações dos músculos de várias partes do corpo e sobretudo da região pélvica (que se estende do púbis ao ânus);
- uma sensação de bem-estar;
- ruídos espontâneos (gritos, gemidos, suspiros de prazer).

Essas reações do corpo podem surpreender – sobretudo nas primeiras vezes –, mas elas saem naturalmente e não se deve ter vergonha.

O cérebro também libera muitos hormônios durante o orgasmo:

- **endorfinas** (que dão a sensação de bem-estar e relaxamento);
- **ocitocina** (hormônio que promove a conexão com o outro);
- **serotonina** e **dopamina** (que dão uma sensação de prazer);
- **adrenalina** e **noradrenalina** (que aceleram e regulam os batimentos cardíacos), entre outros.

101 FAZER AMOR FAZ MAL?

Fazer amor é considerado uma experiência agradável, um momento de cumplicidade e prazer entre duas pessoas maiores sexualmente e que deram consentimento para isso.

Portanto, fazer amor não deveria fazer mal.

Todavia, como explicado na pergunta anterior, o corpo pode ter reações espontâneas quando é estimulado e sente prazer. Por exemplo, ruídos (gritos e gemidos), movimentos (contrações musculares, sobressaltos), sensações (arrepios, bem-estar, excitação)...

Algumas pessoas maduras sexualmente e que consentiram com o sexo podem chorar. Geralmente são reações de prazer. Para preservar a intimidade dos outros, os adultos tentam ser discretos quando fazem amor – mas nem todos se comportam assim!

VOCÊ SABIA?

Fazer amor pode ser doloroso: se uma das duas pessoas sentir dor, deve consultar um médico para encontrar uma solução. A dor é um alerta que o corpo envia; é importante escutá-lo.

102 FAZER AMOR PODE CAUSAR DOENÇAS?

Quando duas pessoas fazem amor, é provável que elas vão se tocar, se beijar, trocar fluidos corporais e expor suas mucosas para contatos.

Por exemplo, quando duas pessoas se beijam, suas mucosas bucais e saliva vão se tocar e se misturar. Elas compartilham, portanto, bactérias boas e ruins, assim como vírus.

Algumas bactérias e vírus podem causar infecções benignas ou leves, mas outras podem provocar infecções mais graves e perigosas para a saúde. Existem infecções que podem ser transmitidas quando se faz amor: são as **infecções sexualmente transmissíveis** (IST).

Como em todas as doenças, existem meios de se proteger delas: **os preservativos** externos (que são colocados no pênis) e os internos (inseridos na vagina), **barreiras** (que impedem a passagem de bactérias entre a mucosa bucal e a mucosa vaginal/anal).

Recomenda-se fortemente que as pessoas maiores sexualmente que consentiram em fazer amor utilizem esses meios de proteção, para protegerem a si e aos outros contra as IST.

Por fim, duas pessoas que fazem amor podem também fazer uma **avaliação** para essas infecções sexualmente transmissíveis: consiste em realizar exames para saber se uma pessoa é portadora de uma infecção, a fim de evitar a transmissão sexual para outra pessoa.

VOCÊ SABIA?

Existe vacina para evitar IST?

Algumas IST têm origem bacteriana, outras são virais. É o caso do HPV (Papiloma vírus humano). Esses vírus são os principais causadores do câncer de colo do útero, que mata um número considerável de pessoas por ano, e também de outros tipos de câncer (nas vias otorrinolaringológicas e ânus), além de causar verrugas genitais. Esses vírus são transmitidos em relações sexuais.

A boa notícia é que existe uma vacina preventiva, que deve ser administrada entre 9 e 14 anos nos meninos e nas meninas.

103 — EXISTE ALGUM RISCO DE CONCEBER UM BEBÊ OU ENGRAVIDAR QUANDO SE FAZ AMOR?

Essa é uma pergunta muito boa!

Quando fazemos amor, há risco de gravidez se:

as pessoas envolvidas são uma pessoa com útero e uma com pênis.

se as duas pessoas já entraram na puberdade, ou seja, a que tem útero já teve sua primeira menstruação e a que tem pênis já teve suas primeiras ejaculações.

essa relação sexual inclui uma penetração falovaginal (penetração do pênis na vagina).

Se essas três condições se combinam, e se as pessoas envolvidas não têm vontade de ser pais ainda, é melhor se proteger de uma eventual gravidez.

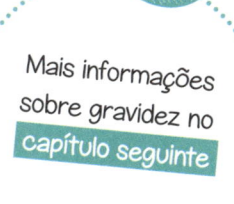

Mais informações sobre gravidez no capítulo seguinte

Para evitar a gravidez indesejada existem muitas soluções, que chamamos de meios de contracepção:

 Preservativos externos (para colocar no pênis)

 Preservativos internos (para colocar na vagina)

 Pílula anticoncepcional

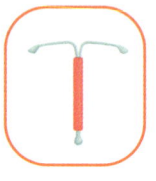 DIU (dispositivo intrauterino)

 Anel vaginal (colocado na vagina)

 Implante (implantado no braço)

 Anel térmico (mantém os testículos altos)

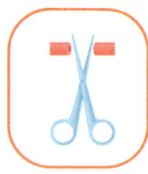 Métodos definitivos (somente para adultos: vasectomia, ligadura de trompas)

Aconselha-se, portanto, que duas pessoas que fazem amor com risco de gravidez consultem um médico para conhecer os métodos contraceptivos e escolher o mais conveniente.

Os centros de saúde acolhem gratuita e anonimamente as pessoas que desejam se informar e receber a prescrição de um método contraceptivo.

104 COM QUE IDADE DEVO CONSULTAR UM GINECOLOGISTA PELA PRIMEIRA VEZ?

A saúde sexual das pessoas que têm útero é cuidada por médicos gine-cologistas.

Não há idade mínima para a consulta, nem a obrigação de fazê-la no início da puberdade. Por outro lado, recomenda-se que a primeira consulta ocorra no máximo aos 25 anos, para fazer o Papanicolau (exame preventivo de câncer do colo do útero – ver sobre vacina HPV na página 152).

Antes dos 25 anos, você pode procurar um ginecologista se:

- você tem dúvidas ou deseja conversar sobre sua sexualidade;
- você tem dores durante o período menstrual;
- você tem vermelhidão, coceiras ou dor na vulva ou na região pélvica;
- você tem corrimentos anormais, irregulares ou com odor (diferente do habitual);
- seus seios mudam de aspecto;
- você necessita de métodos contraceptivos;
- você sente dor ao urinar;
- você deseja fazer um teste para saber se tem IST.

Após o início da vida sexual, é importante consultar-se uma vez ao ano com um médico de sua confiança para um acompanhamento adequado.

O QUE QUER DIZER "PORNÔ"?

Vamos fazer uma pequena viagem no tempo? ☺

Desde o período paleolítico (há mais de 12 mil anos) e do aparecimento das primeiras ferramentas, os homens utilizavam a criatividade para contar a vida cotidiana, suas crenças e divindades, seus desejos de ter filhos com boa saúde, bem como a alegria de fazer amor!

A representação de pessoas que fazem amor se chama **arte erótica** ou **pornográfica**.

As representações pornográficas mais antigas datam de 7 mil anos! No início, eram mais esculturas, estatuetas e pinturas rupestres (em paredes de grutas), depois surgiram os desenhos, as pinturas, os poemas, os livros e as músicas.

A partir do fim do século XIX, com o surgimento do cinema, foram feitos os primeiros filmes eróticos e pornográficos (dizemos também **PORNÔ**) – que mostram cenas explícitas de pessoas fazendo amor.

Com a tecnologia moderna, pode-se encontrar filmes eróticos e pornográficos na internet. Esses conteúdos são reservados exclusivamente aos adultos, a fim de proteger as crianças.

106 — VI UM VÍDEO DE SEXO NO CELULAR DEPOIS DA ESCOLA. PODEMOS FALAR DISSO?

SIM, podemos falar desse vídeo de sexo – dizemos também "filme pornográfico" ou "pornô" – que você viu depois da escola – ou do qual você ouviu falar/corre o risco de ver um dia.

A primeira coisa a saber é que esses vídeos **são estritamente reservados aos adultos**, para proteger as crianças. Por quê? Porque as crianças não têm maturidade emocional para olhar essas imagens, que podem ser violentas e causar medo.

Infelizmente, esses vídeos circulam na internet (computadores, *smartphones*, *tablets*), e às vezes as crianças têm acesso a eles, seja em casa, na escola, no recreio, com os colegas de classe... É um verdadeiro problema porque, mesmo sem procurar, é possível que eles cheguem até você sem você querer, enquanto você ainda é criança.

Se isso acontecer com você, é importante falar com seus pais ou um adulto de confiança, que o escutará sem julgar o que você sentiu ao ver as imagens e que poderá te explicar por que elas são reservadas aos adultos.

107

AS PESSOAS REALMENTE FAZEM AMOR COMO APARECE NOS FILMES PORNÔ?

NÃO! O pornô é um entretenimento reservado aos adultos – como os filmes de terror ou de guerra. Como em todo espetáculo ou filme, há um roteiro (uma história escrita) encenado por atores e atrizes.

O pornô não é a vida real!

Outras coisas a saber sobre o pornô:

- Para fazer o espetáculo mais interessante, há muitas acrobacias e efeitos especiais (como nos filmes de ação). O pornô é quase ficção científica!

- Como nos combates de luta livre, na qual os adversários fingem que se batem e se derrubam, os atores do pornô fingem que têm prazer.

- Os atores e atrizes não são escolhidos ao acaso: geralmente seus corpos atendem a critérios muito específicos (seios grandes, pênis grande, corpos depilados, por exemplo), que não refletem a diversidade e a beleza dos corpos que existem na Terra.

- O pornô mostra sempre a mulher em posição de submissão, e atos sexuais de penetração.

Enfim, em muitos casos, *o pornô não mostra o ponto principal da sexualidade:*

● **O consentimento** (perguntar ao outro se ele quer fazer amor, se ele concorda em ser beijado, tocado, acariciado) ao longo de todo ato sexual.

● **O respeito mútuo** nas palavras e gestos.

● **A conexão com o outro:** as palavras afetuosas, os olhares de cumplicidade, os sentimentos que experimentamos e expressamos ao outro, a alegria de se sentir conectados.

● **O prazer partilhado:** quando duas pessoas estão atentas uma à outra, se descobrem e procuram se dar prazer.

AS 6 FORÇAS PARA TORNAR-SE UM(A) NINJA DO AMOR

Você gravou as coisas que precisa saber sobre o amor? Vamos juntos recuperar as 6 forças – que o transformarão em um(a) NINJA DO AMOR. 😊 Você saberá encontrá-las?

PARABÉNS!

Capítulo 8
Os bebês

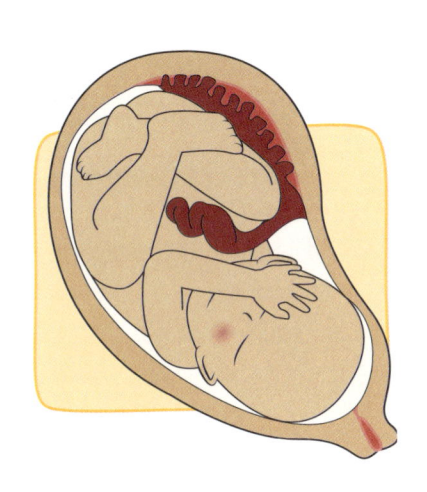

Queridos pais ou responsáveis,

BOAS NOTÍCIAS!

Estamos quase lá: mais um capítulo e chegaremos ao fim!

Mas não vamos mentir: este último capítulo é muito forte! Não duvido nada que vocês estejam superansiosos para responder à pergunta famosa: "Como são feitos os bebês"? 😊

Poucos temas despertam tanto o interesse das crianças quanto saber suas origens, de onde elas vêm, ou que se conte o momento do nascimento ou da adoção. Ou, então, as fotos e narrativas desses momentos mágicos (ou não!) poderão suscitar dúvidas: "Como vocês me fizeram"? "Como suas sementes se encontraram"? "De onde eu venho?"

> Quando pedi aos pais que me contassem as perguntas de seus filhos sobre corpo, amor e sexualidade (postei no Instagram e recebi mais de 4.000 perguntas), uma evidência surgiu: o fascínio das crianças pela história da concepção delas é real!

Evidentemente, fique à vontade para explicar que a criança foi trazida pela cegonha ou encontrada em uma flor ou repolho.

Uma curiosidade sadia

Tenha em mente que a curiosidade da criança sobre esse assunto é totalmente normal. Você pode responder a ela de maneira científica – e é esse o fio condutor deste capítulo – com palavras e detalhes adaptados à sua maturidade.

Eu proponho a vocês avançar passo a passo: a concepção, a gravidez, o nascimento ou a adoção... Como sempre, não deixe de ir perguntando para a criança se ela compreendeu, se está satisfeita com os detalhes ou se ainda tem outras dúvidas.

O livro está perto do fim, e sabe de uma coisa? Confio em vocês: vocês estão prontos para responder até mesmo às mais delicadas perguntas de seus filhos. Vocês vão até ficar felizes em acolhê-las – é prova de que vocês se tornaram o adulto de confiança em quem sua criança pode confiar plenamente!

Prontos para a última etapa?

Partiu!

108

COMO OS BEBÊS SÃO FEITOS?

Na maioria dos casos, os pais que desejam ter um filho fazem amor para permitir que suas sementes se encontrem.

Nove meses depois, o bebê vem ao mundo.

109 O QUE O BEBÊ FAZ DURANTE OS NOVE MESES NA BARRIGA DA MÃE ?

Primeiro mês O embrião é do tamanho de uma lentilha e pesa menos de um grama. Seu coração já bate e ele parece um minicamarão. Ao fim do primeiro mês, é formada a placenta – um órgão essencial que permite ao bebê receber tudo de que ele precisa para crescer: oxigênio, água e nutrientes.

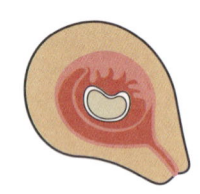

Segundo mês Aparecem os braços e as pernas, depois as mãos e os pés. O rosto começa a se formar. O cordão umbilical aparece: ele liga a placenta ao embrião.

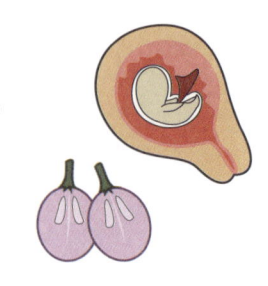

Terceiro mês Ao longo do terceiro mês, o embrião se torna um feto: ele parece agora um mini ser humano. Todos os órgãos já existem, mesmo sendo minúsculos e imaturos. Ele até faz xixi!

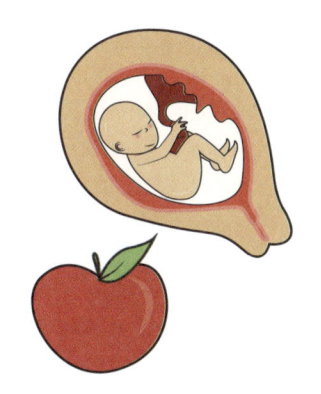

Quarto mês A quantidade de líquido amniótico, que envolve o bebê, aumenta para permitir que ele se mexa. O feto boceja e cerra os punhos. Seus órgãos sexuais agora estão formados. Os pais que desejarem podem saber qual é o sexo do bebê.

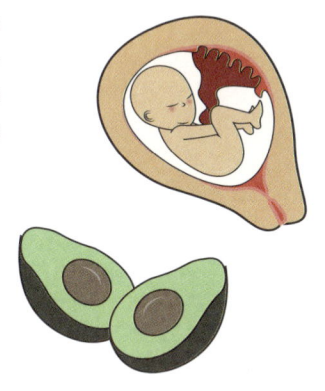

Quinto mês Unhas e cabelos começam a aparecer, ele se contorce e já é capaz de pegar nos próprios pés e de sugar o polegar. Ele reconhece a voz de sua mãe e escuta os batimentos de seu coração.

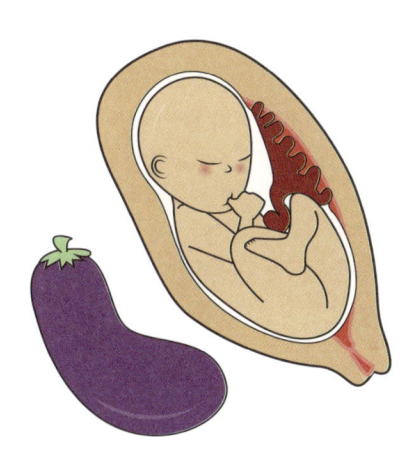

Sexto mês A partir daqui o feto já é viável. Se ele vier a nascer, já terá chance de sobreviver. Seu cérebro se desenvolve e cresce rápido, seus sistemas digestivo e imunológico (para combater as infecções) se formam, e também a formação da estrutura para os futuros dentes. Ele pode distinguir as nuances da luz através de suas pálpebras.

Sétimo mês O feto engorda mais que cresce, seu peso aumenta cerca de 800g por mês. Ele pode diferenciar sabores: o líquido amniótico que o envolve muda de gosto de acordo com os alimentos que a gestante ingere. A memória começa a se desenvolver. Ele reconhece a voz e até as músicas ouvidas *in utero*.

Oitavo mês Geralmente o feto vira nesse momento: fica com a cabeça para baixo. Tudo quase pronto para o nascimento, exceto os pulmões, que em breve chegarão à maturidade. Os ossos se solidificam.

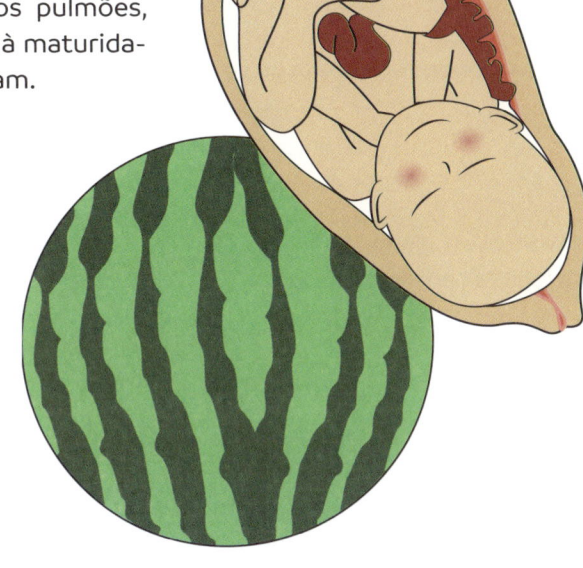

Nono mês O feto está cada vez mais pronto para nascer: seu sistema respiratório funciona (ele começa a treinar inspirações e expirações), e também seus sentidos (visão, audição, tato, olfato, paladar).

110 COMO SUAS SEMENTES SE ENCONTRARAM?

Para formar um bebê, é preciso um encontro entre duas sementes:

Um **óvulo** (célula reprodutora de uma pessoa que tem útero)

e

Um **espermatozoide** (célula reprodutora de uma pessoa que tem pênis)

Esse encontro pode ocorrer de várias formas, de acordo com o sexo, o gênero e a orientação sexual das pessoas que concebem o bebê.

VOCÊ SABIA?

É a partir da puberdade que os órgãos de reprodução começam a funcionar e que podemos fazer bebês. No entanto, melhor esperar o fim da puberdade e ter maturidade suficiente para conceber um bebê.

Mais informações no **Capítulo 3** Puberdade

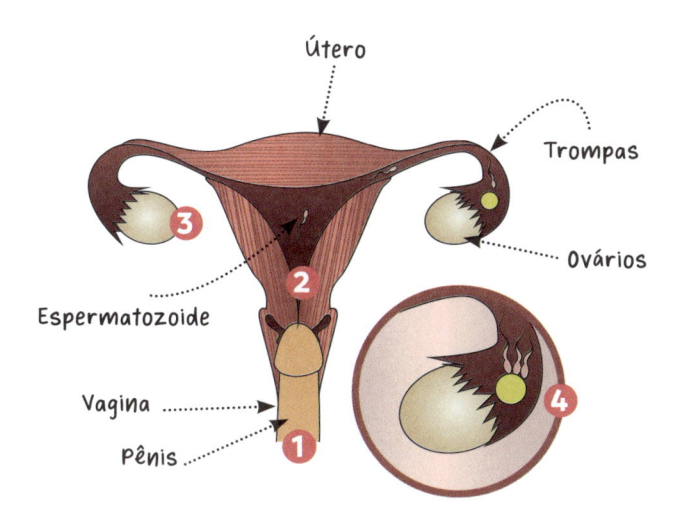

Quando o casal de pais é composto de uma pessoa com útero e uma pessoa com pênis, a maneira mais comum de engravidar é por meio de uma relação sexual na qual:

1. o pênis penetra na vagina;

2. há uma ejaculação de esperma dentro da vagina;

3. alguns espermatozoides contidos no esperma atravessam o colo do útero até encontrar o óvulo!

4. Apenas um desses espermatozoides poderá se fundir com o óvulo para dar origem à célula-ovo: é aí que ocorre a **fecundação**.

Essa célula-ovo contém todo o patrimônio genético do futuro bebê, dizemos também o DNA: a cor de seus olhos, seu tipo sanguíneo, a forma de seu nariz, o tamanho do pé quando adulto, seu sexo (pênis ou vulva)...

5. Depois da fecundação, a célula-ovo se divide em duas, depois em 4, depois em 16, 32, 64... 6.144, e se transforma num embrião. Esse embrião se desloca até o útero para encontrar o lugar onde ele vai fazer seu pequeno ninho durante os nove meses: é o processo de **nidação**.

POR ONDE SAEM OS BEBÊS?

O nascimento de um bebê é um momento muito forte e intenso. Depois de ter crescido no ventre de sua mãe por 9 meses, o bebê vai sair. A essa saída se denomina **parto**.

Quando a saúde do bebê e da gestante permitem, o parto ocorre pela via vaginal (natural): o bebê atravessa o colo do útero (que se dilata para deixar passar o bebê) e desce pela vagina.

Veja como o bebê se posiciona na maioria das vezes antes do nascimento:

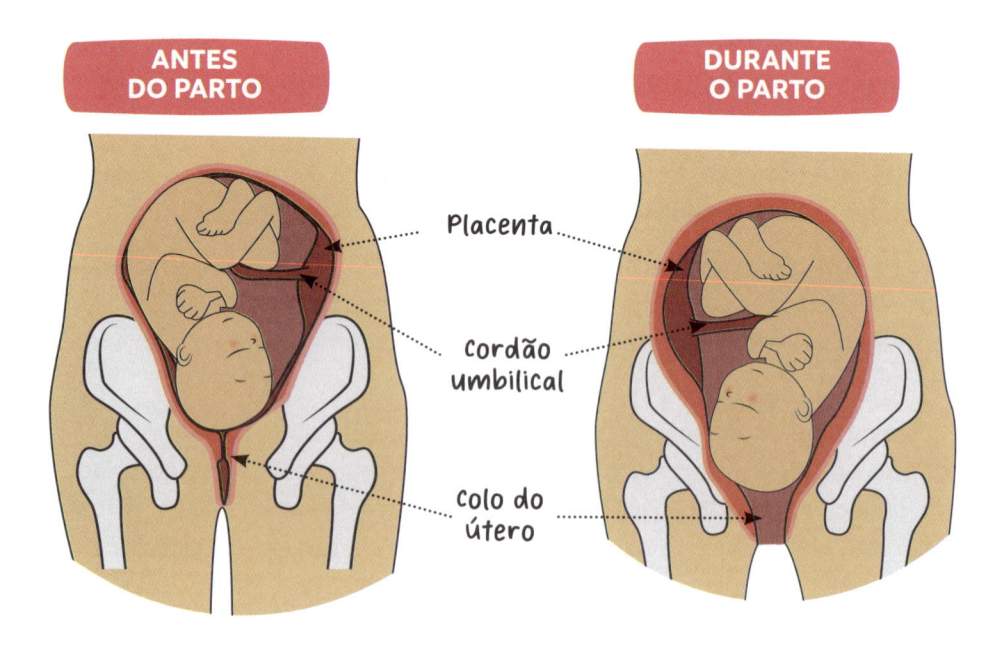

ANTES DO PARTO

DURANTE O PARTO

Placenta

cordão umbilical

colo do útero

Quando o parto é pela via vaginal (natural ou baixa), as contrações uterinas permitem que o bebê desça pouco a pouco.

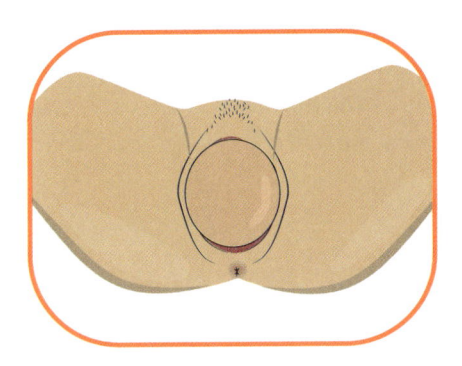 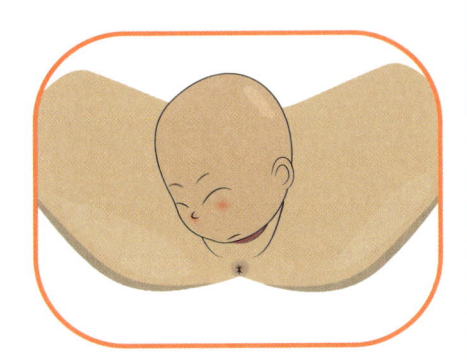

Geralmente a cabeça aparece primeiro, depois o resto do corpo. O bebê vai respirar ar livre e chorar pela primeira vez.

Às vezes são as nádegas que saem primeiro. A isso chamamos "parto pélvico".

O bebê ainda está ligado ao ventre materno pelo cordão umbilical, que o nutriu por nove meses. O cordão é cortado logo depois do nascimento. O bebê (e você também) guarda uma lembrança dele para toda a vida: é o umbigo!

112 DÓI QUANDO O BEBÊ SAI?

Quando o parto se aproxima, o útero se contrai para permitir ao bebê descer e nascer. Essas contrações ficam cada vez mais fortes à medida que o nascimento se aproxima.

O bebê pressiona o colo do útero a fim de abrir passagem para a vagina.

As contrações acompanham a progressão do bebê e são frequentemente dolorosas para a mãe (ou parturiente).

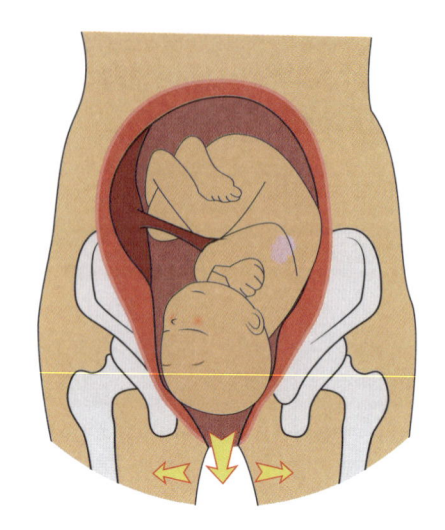

VOCÊ SABIA?

As dores do parto são decorrentes do fato de o humano ser o único mamífero bípede. Para se manter em pé, o quadril dos humanos se tornou mais estreito, o que torna a passagem do bebê mais difícil (mais do que para os macacos e outros mamíferos).

Felizmente, o corpo da mãe produz hormônios para ajudar o bebê a nascer e para controlar a dor. E, se a mãe desejar (se for possível), existem técnicas médicas para diminuir a dor: a **peridural**, por exemplo. É uma injeção para diminuir a dor – também chamada **anestesia**.

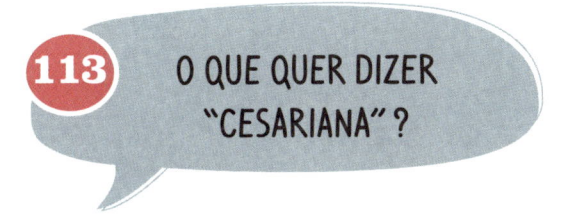

113 O QUE QUER DIZER "CESARIANA"?

Às vezes a saída de um bebê pela vagina (dizemos também parto natural ou por via baixa) é muito difícil ou inviável. Os médicos procuram então uma solução segura. Existe uma cirurgia chamada **cesariana**.

A equipe médica anestesia a parte inferior do corpo da mãe, para que ela não tenha dor, depois abre o ventre na altura do útero e retira o bebê por essa abertura. Em seguida, o útero e o ventre são fechados novamente.

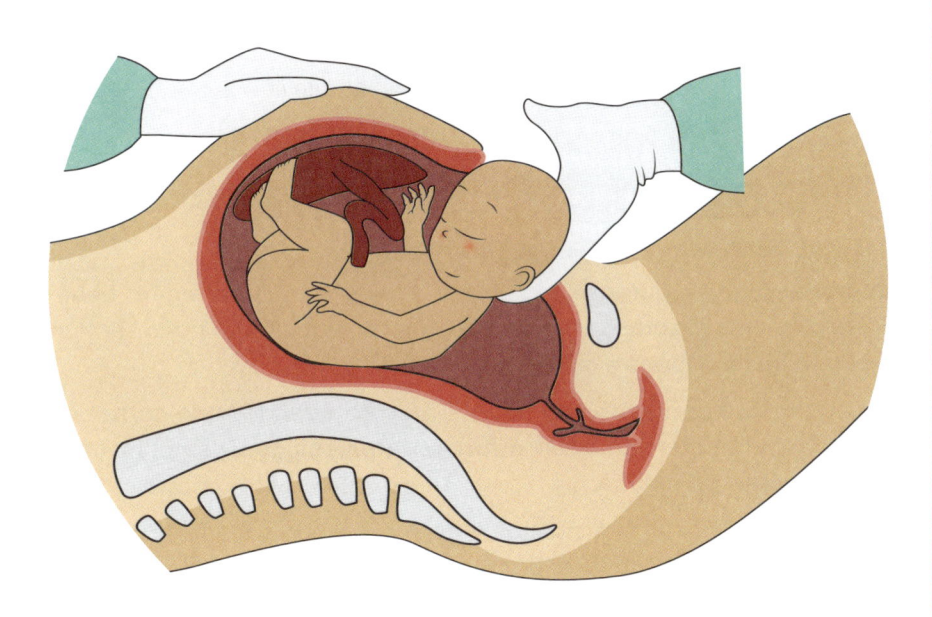

114 O QUE QUER DIZER "PREMATURO"?

Às vezes o bebê se adianta – nasce antes do fim do oitavo mês: dizemos então que ele nasceu **prematuro**.

Se seus órgãos (pulmões, estômago...) não estão prontos para funcionar, o bebê é colocado em uma incubadora: lá ele receberá os cuidados necessários para continuar a crescer como se estivesse no ventre da mãe. Uma equipe médica acompanha para que tudo corra bem.

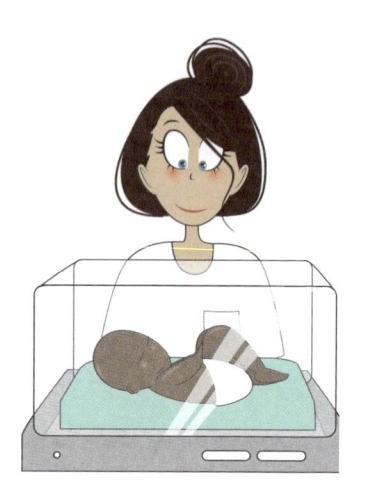

115 POR QUE MEUS PAIS ESTÃO TÃO CANSADOS DEPOIS DO NASCIMENTO DO BEBÊ?

Em primeiro lugar, durante a gravidez, a pessoa que carrega o bebê no ventre vive uma grande transformação física: fabricar um novo ser humano é uma **missão longa e difícil**.

Em seguida, o nascimento do bebê – mesmo quando tudo corre bem – demanda muita concentração e força. Há partos que demoram muitas horas, até mais de um dia.

Por fim, nas primeiras semanas de vida, o bebê não sabe fazer nada sozinho: é necessário amamentar e trocar a fralda muitas vezes durante o dia e a noite, segurar no colo e garantir que todas suas necessidades sejam atendidas, inclusive a necessidade de ser amado. Todas essas tarefas exigem muita energia – não é fácil quando o bebê não dorme à noite e não conseguimos descansar adequadamente.

É por isso que seus pais muitas vezes ficam esgotados depois do nascimento de um bebê. Não deixe de lhes dizer palavras gentis e de oferecer ajuda com as tarefas de casa. Se você precisa da companhia deles, o melhor a fazer é conversar, assim eles poderão se organizar para ter momentos com você.

116 O QUE UM BEBÊ COME?

Qualquer que seja seu gênero, você tem glândulas mamárias na altura do seio (como todos os mamíferos – isso é o que dá o nome à espécie 😊).

Durante a puberdade, essas glândulas aumentam nas pessoas que têm ovário (quando ocorre o desenvolvimento dos seios), a fim de produzir leite para nutrir um bebê após o parto.

Cada pessoa que tem bebê pode escolher como alimentá-lo: com o leite produzido pelas glândulas mamárias (que é o melhor alimento para essa idade da criança, o chamado **aleitamento**) ou através de mamadeiras de leite (quando não for possível amamentar).

117 É POSSÍVEL ESCOLHER ENTRE TER UM BEBÊ MENINO OU MENINA?

Não podemos escolher o sexo do bebê que vai nascer!

Os espermatozoides contidos na ejaculação podem carregar:

● mensagem genética XX (para um embrião que terá vulva e será designado menina ao nascimento).

● mensagem genética XY (para um embrião que terá pênis e será designado menino ao nascimento).

Ninguém conhece antecipadamente a mensagem do espermatozoide – aquele único – que vai se fundir com o óvulo. Dito de outra forma, há:

| 50% de chance de que seja um espermatozoide XX | 50% de chance de que seja um espermatozoide XY |

E você o que é mais importante?
Que o bebê nasça com boa saúde !

Alguns bebês nascem com pênis e vulva ou com pênis e vagina ou com vulva e testículos etc. São pessoas intersexo.*

Para mais informações sobre pessoas intersexo, volte à **Pergunta 11**.

---

* N.T.: Necessitarão de acompanhamento de especialistas.

Do mesmo modo, não podemos escolher a quantidade de bebês que nascerão. Na maioria dos casos, há apenas um bebê no ventre, mas às vezes há dois (chamamos de gêmeos), três (trigêmeos) ou até mais! São as gestações múltiplas, e são acompanhadas de perto pelos médicos devido ao risco para a gestante e os bebês.

118 POR QUE O BEBÊ NÃO CHEGOU?

Às vezes os pais que estavam esperando um bebê ficam tristes.

Acontece que a gravidez não evolui como esperado e é interrompida. É mais frequente no início da gestação, no primeiro trimestre, e chamamos de **aborto espontâneo**.

Pode ocorrer mais tarde na gravidez, porém é mais raro.

Os médicos nem sempre sabem explicar por que uma gravidez é interrompida.

É sempre doloroso para os pais, porque mesmo antes do nascimento damos muito amor ao embrião ou feto que cresce no ventre da mãe. Na maioria dos casos, se os pais assim desejarem, será possível conceber outra criança e levar a gestação até o fim, no momento do parto.

119 POR QUE MINHA IRMÃZINHA OU MEU IRMÃOZINHO NÃO CHEGOU?

Em certos casos, notadamente por razões médicas, é difícil conceber um bebê. Felizmente existem algumas soluções médicas para ajudar esses pais:

Inseminação artificial (IA): espermatozoides são depositados diretamente no útero para que eles encontrem o óvulo.

Fecundação *in vitro* (FIV): esse método permite o encontro do óvulo e com o espermatozoide em um tubo de laboratório. Depois que a fecundação ocorre, coloca-se o embrião no útero para que ele cresça até o momento do parto.

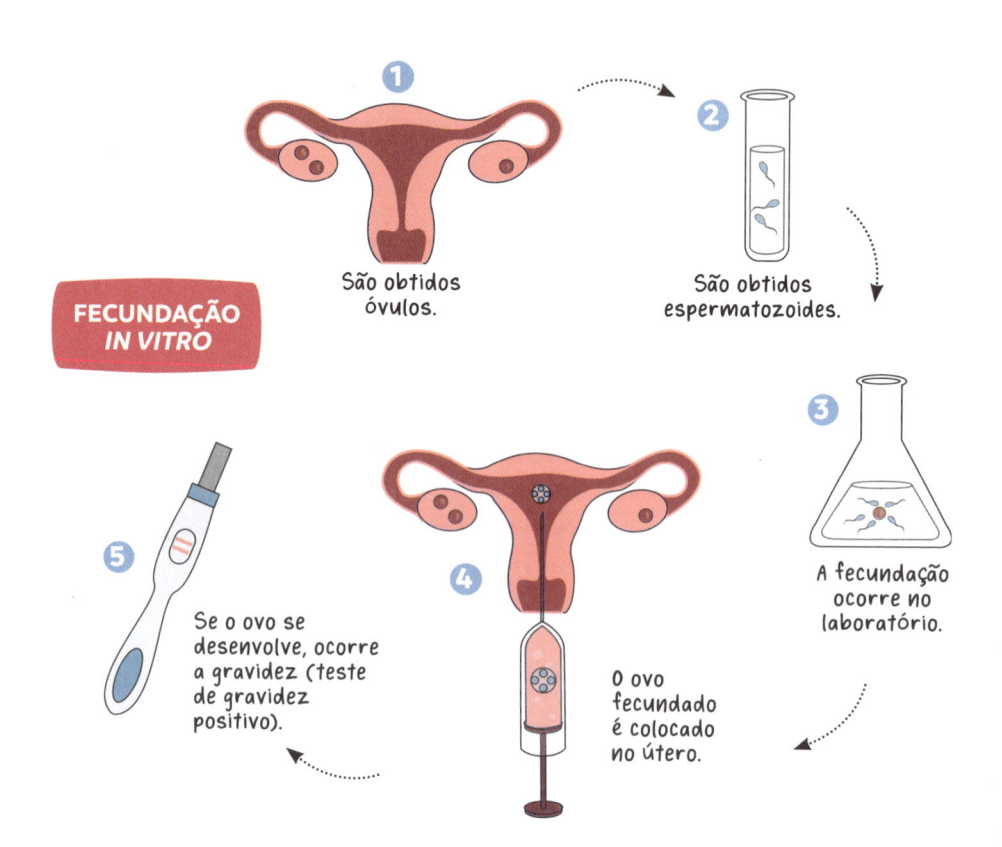

FECUNDAÇÃO IN VITRO

1 São obtidos óvulos.

2 São obtidos espermatozoides.

3 A fecundação ocorre no laboratório.

4 O ovo fecundado é colocado no útero.

5 Se o ovo se desenvolve, ocorre a gravidez (teste de gravidez positivo).

Quando duas pessoas com pênis desejam ter um bebê, podem convocar uma pessoa com útero, que vai receber o bebê em seu ventre. Esse processo é denominado **"gravidez gerada por outra pessoa"**.*

Por último, casais do mesmo sexo recorrem à adoção, que lhes proporciona a oportunidade de cuidar de uma criança mesmo não sendo seus pais biológicos. Os pais adotivos acolhem e se responsabilizam pela segurança, educação, cuidados, saúde etc. dos filhos adotivos. Tornam-se pais oficiais perante a lei.

VOCÊ SABIA?

O processo de adoção está disponível a todos os casais, não somente aos do mesmo sexo. No entanto, como há muitas famílias prontas para receber uma criança, a fila de espera é longa.

---

* N.T.: No Brasil, não é permitida a gravidez por outra pessoa, exceto quando a outra pessoa é da própria família. Isso é para evitar o comércio ou a cobrança de dinheiro.

120 SOMOS OBRIGADOS A TER UM BEBÊ?

Não, não há nenhuma obrigação de ter filhos!

Cada pessoa é livre para escolher se quer ou não ter uma família, e que tipo de família deseja: com ou sem filhos, com ou sem parceiro, com ou sem casamento, com o número de parceiros que quiser. Nenhum modelo de família é melhor que outro. A família perfeita... é aquela na qual nos sentimos felizes!

VOCÊ SABIA?

Tudo bem querer ser pai ou mãe. Tudo bem não querer ser pai ou mãe. Tudo bem mudar de ideia.

Lembre-se sempre: SEU CORPO, SUAS ESCOLHAS!

PARABÉNS!

Vocês conseguiram! Vocês chegaram ao fim do livro!

Sintam-se orgulhosos de vocês.

Da minha parte, estou muito orgulhosa de vocês.

Como vocês se sentem? Será que houve momentos difíceis?

Será que vocês viveram momentos de cumplicidade com seus filhos?

Será que foi criada a oportunidade para seus filhos se abrirem com vocês, para partilharem com vocês experiências e perguntas pessoais?

Estou bastante curiosa para receber seu retorno e trocar ideias: não deixem de me enviar uma mensagem no seguinte e-mail:

maison.des.mmm@gmail.com

Graças a este livro, de agora em diante seus filhos saberão que vocês são os adultos de confiança deles, a quem podem perguntar qualquer coisa sobre corpo, amor e sexualidade.

É muito bonito e precioso que, antes que seus filhos entrem na adolescência, vocês tenham construído essa ligação com eles e que esse espaço tenha sido criado. Cabe a vocês, de agora em diante, mantê-lo vivo e enriquecê-lo: não faltam fontes de informação (podcasts, vídeos, livros), e vocês podem percorrer juntos o caminho iniciado com esta leitura.

Não deixe de voltar regularmente à caixa de ferramentas, que certamente os ajudará a responder dúvidas não listadas nas "120 perguntas"... ainda ☺

Escrevo as últimas palavras deste livro emocionada. Entendo com alegria que somos a primeira geração de pais que vai falar sobre o corpo, o amor e a sexualidade com nossos filhos.

Somos pioneiros, transformamos a dificuldade em comunicação, o tabu em conversas saudáveis e inteligentes, o julgamento em gentileza. Portanto, espero de todo coração que isso nos permita acompanhar nossos filhos em direção a uma relação tranquila consigo mesmos e com os outros.

Para a felicidade e o desabrochar pleno dos nossos filhos – e também o nosso!

Charline

Referências

Princípios e diretrizes internacionais sobre educação para sexualidade, UNESCO
Le Livre noir des violences sexuelles, Dra Muriel Salmona, Dunod

Estudos que demonstram os benefícios de uma educação sexual completa para a saúde sexual
https://tppevidencereview.youth.gov/
https://www.ncbi.nlm.nih.gov/pubmed/3602653
https://pdfs.semanticscholar.org/b3c9/fd016512b33b160b9cff27c61d663f2731a8.pdf
https://www.coe.int/t/dg3/children/1in5/Source/PublicationSexualViolence/Gordon.pdf
http://recapp.etr.org/recapp/documents/programs/InterGuidanceSexualityEducation.pdf

Estudos que demonstram o impacto da educação sexual sobre a redução da violência sexual
https://www.ncbi.nlm.nih.gov/pmc/articles/PMC6235267/
https://www.marketwatch.com/story/want-to-fix-the-metoo-problem-start-with-eliminating-abstinence-only-sex-education-2018-09-19
https://thehill.com/opinion/civil-rights/420039-the-next-step-for-metoo-is-better-sex-education
https://journals.plos.org/plosone/article?id=10.1371/journal.pone.0186471
https://www.ncbi.nlm.nih.gov/pubmed/30427866
https://www.newtactics.org/tactic/reducing-rape-and-sexual-assault-through-education-adolescent-boys
https://academicworks.cuny.edu/cgi/viewcontent.cgi?article=1170&context=cl_pubs

Estudos que mostram o impacto da educação sexual sobre a exposição a infecções sexualmente transmissíveis (IST)
https://pubmed.ncbi.nlm.nih.gov/20378905/
https://jamanetwork.com/journals/jamapediatrics/article-abstract/2740229
https://rewire.news/article/2011/04/11/education-stds-message-matters/
https://www.guttmacher.org/gpr/2020/04/reducing-sti-cases-young-people-deserve-better-sexual-health-information-and-services

Estudos que mostram o impacto da educação sexual sobre a redução da gravidez precoce
https://www.ncbi.nlm.nih.gov/pmc/articles/PMC3194801/
https://nursing.usc.edu/blog/americas-sex-education/
https://www.researchgate.net/publication/324930498_Prevention_of_STI_and_teenage_pregnancies_through_sex_education

Estudos que demonstram o impacto da educação sexual sobre o retardo do início da vida sexual
https://pubmed.ncbi.nlm.nih.gov/12292388/
https://www.cdc.gov/nchs/data/databriefs/db44.pdf

Anotações

Anotações